改变日本酒历史的创新战略

『One CUP大关』的成功秘密

[日]株式会社钻石商业企划 编著

魏海波 李慧卿 译

广西师范大学出版社

·桂林·

前　言

　　兵库县西宫市今津町与以高中棒球闻名的甲子园球场相邻，除了有大型酿酒厂以外，都是安静的住宅区。国道、高速公路贯穿大阪与神户，稍走一段路，就能看到大海。大关公司总部和酒窖位处这些住宅区内。也许是因为最初先有了酒窖，虽处于安静的住宅区内，也不会觉得格格不入。长达300年历史的酒窖，会改变周围的环境吗？

　　第一次走访大关总部是2014年春天。总部大楼的一楼玄关处挂着木制的"大关"徽章，令人联想到古老的酒窖。让我印象深刻的是，徽章旁边的"One CUP 大关"诞生50周年纪念装饰物，上面摆上了很多瓶 One CUP，下面设置了到10月发售纪念日为止的倒计时表。

　　听说在本部大楼的一楼进行装瓶、包装的情况是在本书取材开始之后。想都没想过大楼大厅某角落竟会在酿着酒。

　　然而，这样的惊奇只是开始。

　　书取材开始后没多久我们就了解到"大关酒窖"波澜不惊地做着谁看了都吃惊的事情。发生了很多令我们编辑部惊奇的事情。我们把这些惊奇也一同编入了本书。

　　世界最高水准的创新"One CUP 大关"诞生至今已有50年。它带给日本，乃至全世界众多消费者的惊奇是为酿酒事业赌上性命的勇者们留给我们的伟大遗产。

平成二十六年（2014年）十月十日

株式会社钻石商业企划　编辑主任　冈田晴彦

目　录

卓越的创新催生新的市场战略，
从而形成文化

改变饮料界历史的创新

说起"One CUP 大关"，它如今已成为全日本无人不晓的基本商品中的老大哥。我们编辑部再次开始关注"One CUP 大关"，正好是日本成功申办2020年东京奥运会的时候。

受到全世界瞩目的奥运盛会，会给主办国带来各种发展和创新机遇。

"从现在开始到2020年之间，日本将会发生什么事情呢？"心中泛起的孩童般的兴奋和期待，使我想起1964年举办东京奥运会时日本经历过的创新。

1945年的战败使日本失去了很多东西。据说以前日本各领域的研究者们努力积累下来的许多用于研究开发的宝贵基础数据也多有丢失。此外，其中部分技术在1945年以后是无法使用的。

在基本生活保障受到重创的废墟上，多数日本人克服战败带来的残酷现状，树立新价值观，开创新生活，构筑新和平。

在这样的现实背景下，可以说当年东京奥运会的举办具有深远的意义。人们抱着对东京奥运会的期望，纷纷参与各种创新，同时为了改变当时的严酷现状，坚持不懈，直到奥运会正式开幕。

在东京，为奥运会的举办创造的各项成果中，最为著名的应属首都高速公路及东海道新干线。在奥运会开幕及新干线开通的同时，一个新的商品横空出世。

那就是酿酒商——大关酿造的"One CUP 大关"。"One CUP 大关"

中所含的酒量是180毫升，刚好是一合（注：在日本的饭店清酒是以合为单位）。当时日本酒的传统贩卖方式是以一升①的瓶装来贩卖进行，他们却开始出售起杯装酒来。

这一"One CUP 大关"的诞生，可以说是一项给日本饮料业界带来巨大改变的创新。而这一革命新生儿诞生的原委，请大家阅读后章中的介绍。在这里，作为编者，想强调的是"One CUP 大关"的诞生是一项伟大的创新，这一点毋庸置疑。

"One CUP 大关"诞生之后，在1968年，大塚食品工业推出日本首个市面销售软包装食品——"梦咖喱"，接着1969年 UCC（当时名）推出世界首款罐装咖啡——UCC 罐装咖啡，此外，1971年日清食品推出世界首款杯面，借此食品及饮料业界迎来了前所未有的创新时期。

这些创新产品都是食品及烹饪用包装容器的革新，毫无疑问都是日本值得向全世界炫耀的创新项目。值得关注的是，"One CUP 大关"是各种包装容器革新中最先进行创新的企业之一。

而这一伟大的创新得到了各项技术的支撑。特别要提到的是，与大关一直有着合作开发的"山村玻璃制造"，还有大关资料部门团队成员作出的贡献。他们致力开发密封性能好且不影响日本酒味的瓶盖，其开发过程历经艰辛，曾得到别的公司的协助及提案，也经历了无数次的实验制作过程。虽然最终该公司的提案没有被采纳，但是实验中尝到的失败的滋味，成为"One CUP 大关"创新的助推力，这一点是毋庸置疑的。

虽然这项创新是通过人们艰苦的努力和奋斗而得的，但是并没有马上被市场接受。大关公司给这项创新附加了新的市场机制，由此走出了一直延续至今的长销商品之路。

---

① 日本计量单位。1 合约为180.39 毫升，1 升约为 1 803.9 毫升。

昭和四十六年（1971 年）九月十八日，诞
生了世界上第一种方便面"杯面"。同年
十一月起在银座的步行者天堂举办的多次试
吃营销活动上，这种方便面受到极大的欢迎。
多的时候，一天的销售额达到 2 万件，在年
轻顾客群中人气很高。

创新首先解决的是关于"怎么喝"的新方案。它所涉及的不仅仅是
卖酒，而是还要提供给人们一种随时随地都可以轻松饮用的"一杯大关"
的饮用方式。这在当时是一种崭新的营业方式，没有一家清酒酿造商有
过这样的尝试。参加农协的大巴集体游、钓鱼、滑雪等闲暇活动时，可
以把日本酒随意地带在身边，这给长期以来一成不变的日本酒饮用方式
带来了革新。

大关公司以"日本酒的新喝法，享受方式"为招牌，鼓动当时直营
站内小卖店的铁道弘济会，开始在这些小卖店内出售"One CUP 大关"。
之后在昭和四十一年（1966年），抢先于罐装啤酒和其他产品，开发了
首台酒精饮料自动售货机，这在酒类产品中可谓是前所未有的，声势浩
大的市场战略也由此展开。

接着，"One CUP 大关"在广告宣传中也不遗余力。之前大家对日
本酒广告的印象还停留在类似演歌的形式上。大关却特邀当时的新锐人
气演员萩原健一（小健）代言，为了向更多的年轻人传递日本酒的魅力，
同时也起到了与竞争对手生产的杯装酒区别开来的作用。

即便当竞争对手也开始大量销售杯装酒的时候，"One CUP 大关"的
优势已然无法撼动了。从销售初期到现今，在杯装酒领域，"One CUP 大

关"的销售额一直处于绝对的领先地位。

而且，"One CUP 大关"的这一创新不只体现在商品层面，对各方面的文化也产生了诸多影响。例如，日常生活中对喝完的空酒瓶的二次利用，这在以前恐怕是没有过的。当然，杯子之类的容器当时还是高价商品，因此人们将"One CUP 大关"的容器，也就是空酒瓶，用在很多地方。用作刷牙杯，公园、集会等场所的饮水处用的杯子，或者是冲洗画笔的砚水壶，或者用于插枝小花儿什么的。在二次利用过程中，"One CUP 大关"逐渐扎根于日本人的日常生活中。

让我们看看大关公司的市场助推力带来了什么影响。除了赏花之类的活动外，很少有机会在户外饮酒的日本人，开始在观光娱乐时轻松地在室外或电车里喝酒，这样一来，"One CUP 大关"创造出了新的饮食文化。在日本，日本酒先于罐装啤酒引领了户外饮用方式。

伟大的创新受到伟大的市场活动的支撑，深深融入了日本的饮食生活中。在承办东京奥运会之际，编辑部中关注着"One CUP 大关"的几位，在翻阅"One CUP 大关"的发展史的过程中，做出了一个假设。究竟这一假设是否真实，我们想通过此书来进行一次求证。

如果我们的判断没错，相信这个名为"One CUP 大关"、引领日本饮食文化新潮流的酒，今后会被用于更广泛的领域，同时也会创造更多新的文化。从20世纪中期到21世纪初这段时间，创造日本新的饮食文化的主人公其实是兵库县西宫市的一家酿酒厂，这是一件多么有意义且有趣的事啊！

第一章

不断进取的日本酒的最前沿

——勇敢开启创新之门　以挑战之名开发商品

丢掉老式酒壶，构思的原点是什么？

时代需要新的酒

"能不能做随时随地都能直接从容器喝得到的酒呢？希望做出年轻人喜欢喝的酒，不能永远坐在四叠半大的榻榻米上，用老式酒壶就着小酒杯喝吧，这样的时代已经过去了。"

十代长部文治郎社长凛然的号令响彻大关公司会议室。据说这是在听取了年轻职员的意见后发表的言论。虽然十代长部文治郎当时年逾六十，但如其次子长部二郎所说："父亲虽生于明治年代，却是一个很有洞察力和见识的人。"据说还有这样的轶闻，说是在战争结束后不久，即烧焦的地面还有待平整地基的时候，十代社长亲自带头参加劳动，和年轻职员打成一片，只为从他们的口中听到心里话。

当时大关公司有一种会议形式，在会议上召集公司内外的有识之士，一起讨论有关商品企划的内容，开头十代社长提出的号令并非出自这种会议。

十代长部文治郎（右）、长部二郎（中）和十一代长部文治郎（左）

　　后来担任市场部宣传企划课科长的那谷吉彦[1]，在给昭和五十六年（1981年）十二月号杂志《头脑》的撰稿文中回忆"One CUP 大关"的诞生背景时写道："'One CUP 大关'的构想并不是从这种会议形式中产生的，而是从凉酒→杯装酒→随时随地都能喝到酒的酒杯的想法出发，就这么完成设计然后销售，真是一个简单明了的构想，十代社长想出了了不起的方案啊。"以这个号令为开端，迎来了"One CUP 大关"艰难且光荣的开发销售史。那么，令十代长部文治郎感到危机的时代变化究竟是怎样的呢？

　　这要追溯到中日战争深陷泥潭的昭和十二年（1937年）。陆军制订了支柱产业五年计划，迫使近卫内阁实行。当时的近卫内阁已经在为国际收支赤字焦头烂额了，除了财政收紧外别无他法。昭和十三年（1938年）七月制定了《物资销售价格管理规则》，以推进基于法定价格的物价管控制度。在第二年的昭和十四年（1939年），欧洲爆发了第二次世界大战，日本制定出针对价格等方面的管控令，同年九月十八日开始实施以当前价格为上限的法定价格制度[2]。

　　即使在战后，也一直执行着价格管控令，之后被昭和二十一年（1946年）颁布的物价控制令（至今仍有法律效力）取代，日本酒的价格直到昭和三十五年（1960年）都保持不变。

　　除了价格控制之外，还有配给的问题。日本酒从昭和十六年（1941年）开始实行配给制，但是昭和二十四年（1949年），酒类配给公团被废除，恢复了自由销售制度。以此为契机建立新的销售网，成为酿酒商重要的课题。

---

① 那谷吉彦（1939—　　　　），出生于兵库县。昭和三十六年（1961年）进公司，任职于宣传部市场室，自昭和六十二年（1987年）起担任资材部次长。
② 法定价格制度，即日本酒和糖、啤酒、冷饮一样，从昭和十四年（1939年）三月开始被定为法定价格。

竞争对手不仅在日本酒内部。期间，日本人的生活方式发生了很大的变化，从盘腿而坐的矮脚饭桌到坐在椅子上围着饭桌用餐的方式，在老百姓的生活中也引进了各种西式产品。受此影响，洋酒的消费量开始增加，昭和三十四年（1959年），啤酒的年上市量超过了清酒。次年的昭和三十五年（1960年），清酒的纳税额也落后于啤酒。照此下去，日本酒难免会落后于时代的变化，这种危机感不只是十代长部文治郎，而且应该是所有日本酒经营者都感受到的。

另一方面，也有令人振奋的消息。这时正处于昭和三十三年（1958年）七月到昭和三十六年（1961年）十二月，持续42个月的"岩户景气"①时期。实际的经济增长率在昭和三十四年（1959年）为11.2%，昭和三十五年（1960年）为12.5%，次年昭和三十六年（1961年）为13.5%。恰逢这时，东京的新象征——东京塔完工，新干线即将开通，东京奥运会也举办在即，真可谓"投资带来投资"的盛况。

在如此经济形势大好的背景下，昭和三十五年（1960年），池田勇人内阁决议通过了《国民所得倍增计划》。"所得倍增"一词成为响亮的口号，人们的日常生活变得宽裕起来，可以享受闲暇时间，预示着休闲娱乐之风的到来。

在老客户的鼎力支持和营销人员的拼死努力下，大关公司新的特约合同顺利达成。同年八月，大关公司在东京的日本桥再次设立东京分店。

而"One CUP大关"的开发正处于伴随着价格的自由化，新的竞争即将到来的时代。

---

① 岩户景气，与神武景气、伊弉诺景气一起，被列为二战后的日本高速发展过程中的经济繁荣时期。从昭和三十三年（1958年）七月到昭和三十六年（1961年）十二月，持续了42个月。其程度超过了神武景气，出自"自天照大神躲进天岩户以来的好景气"的典故。

最初的 One CUP 构想

"能不能把不需要酒盅的杯装酒作为商品提供呢？"是十代长部文治郎权威性的一句话。然而，当时杯装酒被认为是"不上档次的"，不仅如此，清酒不加热直接喝的情况也不多见。大关公司早在"二战"前的昭和七年（1932年）已经开始销售当时具有划时代意义的凉酒"COLD 大关"。据说刚出售时别的酿酒公司员工这样嘲笑他们："大关他们打算卖凉酒嘞，酒是热了以后喝的呀。把酒热了再喝是天经地义的，却要卖凉酒，也不知道是怎么想的？"到了昭和三十年代，这种想法依旧没有改变，人们还是认为清酒应该用酒壶加热再喝才是合理的或者是有品位的。

关于杯装酒，流传着这样一个故事。昭和三十八年（1963年），十代长部文治郎和万千子夫人从美国视察回国不久后上东京，经过虎之门的酒类批发店"升本商店"，往店里瞅了一眼，看到满屋子下了班的白领站在长长的柜台前，单手拿着杯装酒在喝。回到西宫以后，与长子恒雄（后来的十一代长部文治郎）、次子二郎（后来的副社长）一起喝酒的时候，这个话题被提了出来。海量的二郎说："酒这个东西还是用杯子不加热，一口气喝的好。"

恒雄却反驳说："不对，还是应该用酒盅才显高雅，才能喝出日本酒的味道。"即便是同一家酿酒商的兄弟，意见却完全相反，公司内部意见相异也是可以理解的。

其实，One CUP 的构想以前也出现过。那是在昭和三十六年（1961年），大关公司内部发起的"设计大会"（后改为"商品企划委员会"）上产生的。大家正以新日本酒为主题，热火朝天地进行着讨论，有人提到："能不能用像果酱瓶那样的宽口瓶？""开瓶盖最好是一键式的，不然很不方便。"

关于当时没有被通过的这一构想，企划调查室室长（投稿时的职位）和田昭三 [1] 在给昭和五十八年（1983年）十二月号的 *All sales* 杂志，一篇题为《"One CUP 大关"改变清酒的印象，开拓年轻人的户外需求》的投稿中说道："当时，讨论重点是瓶盖和容器。找不到适合的作为装凉酒的瓶盖，而且没有一家制瓶厂有制作薄型杯状容器的技术。"

和田（投稿时任材料科科长）在另外给杂志《周刊：新型包装之商业包装篇（下旬号）》〔昭和四十年（1965年）二月〕投稿的、题为"从企划到产品化'One CUP 大关'的包装技术"的文章中谈道："这是'高级大关' [2] 开始销售之前的事，我们向一家制瓶公司的推销员提到杯装清酒的构想，看着他们是否能吹制 [3] 轻型的杯状瓶子，想知道如果能制作宽口杯状瓶子，能否制作出符合商业成本的王冠瓶盖 [4]。当时我的脑海里浮现的是装煮海苔的瓶盖，还有用于装桃子、栗子的瓶子（杯子）的螺旋形瓶盖 [5]，但是这些都需要开瓶器，功能上也达不到要求，而且成本也远远高出预算。另外，当时说起杯装酒，大家脑子里联想到的是在路边摊来个一口闷的廉价酒，担心能否做出上档次的商品，所以后来这个构想也没有进一步地研究下去，也就没能实现。"

---

[1] 和田昭三（1928—2006），出生于兵库县。昭和二十七年（1952年）进公司。在资材部担任商品开发，主管"One CUP 大关"的开发。昭和五十九年（1984年）开始担任经营企划室长。

[2] 在人们的生活方式日益西化的过程中，以"On the table"（饭桌上的乐趣）为主题，开发出700毫升装特级酒"高级大关"。于昭和三十五年（1960年）开始上市。

[3] 吹制，指将熔化的玻璃块放入制瓶机（IS机器）的模具中，被空气吹制成规定的大小，形成瓶子的形状。

[4] 王冠瓶盖，作为啤酒瓶等的栓使用的瓶盖。

[5] 螺旋形瓶盖，也叫作机械栓，带有金属零件的瓶盖。

在大关公司名为"One CUP 相关大图鉴"的网站中写着这样一句话："当初我们想采用装桃子的瓶子，但是因为瓶盖内侧贴上了橡胶做的密封垫，有橡胶的味道，我们认为这不适合作为装酒的容器。"这就是和田所说的用于装桃子、栗子的瓶子（杯子）的螺旋形瓶盖。

就这样，在昭和三十五年（1960年）左右被提出来之后，到昭和三十六年（1961年），经过多次讨论，当初的 One CUP 构想只好中断了。

十代长部文治郎

十代长部文治郎超凡构想的产物——One CUP

都说"One CUP 大关"的创造者是十代长部文治郎，也有人把十代叫作"One CUP 文治郎"。当然这不仅是单靠十代一个人，而且是借助大关公司的员工、客户以及外界的有识之士等许多人的奋斗和努力下创造出来的商品。长部二郎也在神户商科大学校友会的机关杂志《淡水》三十八号［平成四年（1992年）三月号］中回忆道："这是从战争结束时的苦难岁月到历尽艰辛的复兴期，在公司全体员工绞尽脑汁、挥洒汗水奋斗的过程中，逼着自己苦熬出来的、天赐的新商品。"

不过，十代被叫作"创造者"是有原因的。下面有几件事可以证明这一点。

十代长部文治郎是出了名的"创意达人"。构想出"COLD 大关"的也是他（当时的社长还是九代长部文治郎）。当时，昭和二年（1927年）的金融危机以及昭和四年（1929年）的世界大恐慌带来了经济不景气，导致日本酒销售量下跌，搁置时间久了以后，仓库里的酒都开始变质了。十代想既然这样，那就开发可以冷藏的日本酒，于是和冷藏设备一同进行了开发。

十代长部文治郎有个习惯，就是什么事都要做记录，正是这一点帮助他想出了这一构想。如果想起什么或者感受到什么，就马上做笔记。据说无论是在车里、宴会上，还是上厕所的时候，都是如此。这些记录中如果有觉得有用的，就立刻采取行动，想办法实现。

十代长部文治郎的观察力和观察意愿都很强烈。坐在公司用车里也没有打瞌睡的习惯，经常望着窗外，留意到什么，就记下来。有时看着来来往往的人们，也会得到意想不到的启发。当然，在升本商店的柜台喝杯装酒的事情也被记下来，也成为创造"One CUP 大关"的重要契机。

昭和三十八年（1963年），他从美国视察回国后开始发售"COLD 大关"的方瓶，是从在美国看到的威士忌的印象中得到联想和启发的。当时，装日本酒的容器只有一升的，可以说这是具有划时代意义的创新。

战后不久，公司也考虑过独特的酒槽（榨酒工具），即用扁柏制作的传统酿酒工具，但是扁柏价格贵，还得给匠人付酬劳。于是为了降低成本，设想用混凝土贴瓷砖的方法。职工们铁青着脸反对说混凝土中的碱性成分会破坏酒的味道，结果发现对酒的品质完全没有影响。这一方法后来也被其他酿酒商采用。不拘泥于传统观念的构思习惯不仅体现在"COLD 大关"等商品本身上，还反映在酿酒方法上。

观察力敏锐、凡事都做记录的十代长部文治郎有时也让职工很苦恼。在记录上可以看到"神田酒馆里大关的招牌旧了""涩谷的某酒馆里没有大关的酒"等。如果不马上进行整改，后面有老虎盯着呢，职员们偷看十代枕边的记录后，赶忙去处理。然而彼时正值配给制度废止后不久、销售战打得激烈的时候。职员们也并不想偷懒，不过真的是忍受不了。于是给十代专车司机指定好车的行径路线，先集中处理该路线周围的问题点。他就是这样一位留意细节、在细节中发现奇迹的人。

十代长部文治郎具备的人格特质，使得他能够抓住时代变革，毫不犹豫地对商品进行大胆的创新。另一方面，他也想到制作日本酒的人是不是都想保留传统的工艺，不愿脱离原有的制作模式。当时流行喝兑水的威士忌，人们的生活逐渐西化。身为日本人想喝日本酒不奇怪，不过不用拘泥于形式，轻松、方便的饮用方式就是潮流，就像罐装啤酒和果汁一样。选方瓶作为"COLD 大关"的容器也是因为不想拘泥于日式还是西式。

据说十代长部文治郎把人们站在升本商店里喝酒的情景讲给两个儿子后，突然说了这样的话：

"痛快地来个冷酒……这多有意思啊！要不让烧瓶厂做一个适合的容器看看？"

16

冰爽的夏日美酒
COLD 大关　１合装　２合装　３合装
株式会社　长部文治郎商店特酿

"COLD 大关"的零售店用海报　昭和二十八年（1953 年）

　　还有这样的轶事。昭和三十五年（1960年）时，十代和属下在一家小吃摊小酌一会儿。看了看酒壶，十代提出这样的疑问："这里面装的是哪家的酒呢？"属下慌忙答道："我去确认一下。"十代制止道："算了，不用去。清酒装在酒壶的话，制造商的名字是看不出来的。啤酒和威士忌则一目了然。"

　　几天后，十代在社长室看着茶碗，拼命构思"能看出制造商的容器"，最后想到将酒装在玻璃杯里。这就是喜欢异想天开的"记录狂魔"十代长部文治郎。可能在某种契机下，带着清酒装在酒壶里就看不到制造商名字的疑问，冥思苦想找出的方案就是"One CUP 大关"的构想。而且，在美国视察途中，看到威士忌等的商标做得十分醒目，肯定也受到了启发。

大关的酒窖

创造"One CUP 大关"的 DNA

　　在大关公司悠长的酿酒历史中，并不是基因突变才出现十代长部文治郎这样的人物。大关公司自开启酿酒事业以来，时刻保持积极进取的精神。让我们先回顾一下它的历史。

　　据说大关的前身——大坂屋（长部家）在今津村（现在的日本兵库县西宫市）开启酿酒事业是在正德元年（1711年）。赤穗浪士的讨伐发生于元禄十五年（1702年），自那以后还不到十年的时间。据说当时是把作为肥料的干沙丁鱼卖给农家。

江户时代，从京阪地区到江户的货物运输都是靠船运。最早的是菱垣回船①，说是元和五年（1619年）由堺地区的商人创办。酒当初也是用这种船送的。然而，因为装载货物的种类繁多，导致整体运送时间长，对容易变质的酒来说并不适合。

于是，作为酒运输专用船，樽回船被造了出来。明历四年（1658年）在大阪传法地区，樽回船批发店就开始营业了。宝永四年（1707年）在大坂屋的大本营——西宫也出现了樽回船。

西宫樽回船的起源与滩的酒窖②的发展有关。正德六年（1716年）在文献上首次出现"滩"的字样。当时的今津乡③，酿酒铺有18家，酿酒量达到1 750石④。八年后的享保九年（1724年），今津的酿酒铺增加到29家。

据记载，明和元年（1764年），相当于酿酒许可证的酿酒权从今津村的助三郎手里转到四代文次郎手里，这时离正德元年（1711年）开启酿酒事业已经过去了五十多年。各种史料可以证明，在这期间，大坂屋作为今津本地的商人，累积了资本，还拥有了回船。要特别指出的是，可以从后来命名为"大关酿酒今津灯塔"的常夜灯看出大坂屋对海上运输事业作出的贡献，这是文化七年（1810年）由长部家第五代长兵卫搭建的。在昭和

---

① 江户时代，来往于大阪等京阪地区与江户地区的消费地之间的回船（货船）。据说运输各种生活用品。在宽永时代由大阪北滨的泉谷右卫门开办江户装载批发店，标志着菱垣回船批发店的成立。（摘自《大关二百八十年史》）

② 滩的酒窖（滩五乡），起源于室町时代的日本屈指可数的酒的产地——滩（兵库县南部）地区随处可见的酿酒厂的集合体。从江户时代开始，被叫作日本第一酒的产地。有今津乡、西宫乡、鱼崎乡、御影乡和西乡五个乡（滩五乡），分布在阪神间沿海岸。

③ 乡，是从中世纪到近代使用的行政单位之一。虽然已经失去原来的意思，表示包括几个村庄的广域的地名时，有时会用"乡"的称呼。
今津乡，属"滩五乡"之一，大关以外，有今津酿酒株式会社的扇正宗。

④ 石，体积（容量）单位。1石=10斗=100升=1 000合（180.39L）

四十三年（1968年）被海上保安厅正式认定为航路标示。并且，该灯塔在昭和四十九年（1974年）三月，被指定为西宫市重要有形文化遗产。

十代长部治郎这种看准了樽回船和酿酒业共同的发展前景而进行投资的魄力，体现了他对时代变化的敏锐洞察力。当别人因恐惧海运业的危险性而犹豫不决时，他果断开辟事业，看得出十代继承了强大的基因。这就是充满进取精神的大坂屋给下一代带来无限的启发。

江户时代反复着酿酒管控和所谓"自由酿造"的放任两种形式。

在酿酒管控时期，严禁酿造量超过酿酒执照上标明的米谷收获量。然而到了自由酿造时期，就不受限制，想酿多少就酿多少，其结果是再回到管控时期，实际的酿酒量和执照上的规定量就会不相符。针对这样的局面，调节的方法有两种：一是"修改执照"，也就是修改执照上的规定酿酒量；二是发行新的执照。因为两种方法都留下了记录，所以我们可以了解江户时代大关公司酿酒量的演变。据这些记录，天明五年（1785年）的酿酒量是1 832石，文政二年（1819年）为1 930石，天保三年（1832年）为3 000石，江户时代末年的庆应四年（1868年）的酿酒量为4 300石，这一年执照已有8张，酒窖有4个。

陈列在大关公司总部展示厅的樽回船的模型。以宽政五年（1793 年）制作的图纸为蓝本，制作复原成二十分之一的大小。

明治维新带来的混乱与复兴

明治元年（1868年）江户幕府垮台，年号改为明治。新政府颁布《商法大意》，废除了酿酒权所有者的营业特权，由此营业自由被认可，但是免除了酿酒权。为了筹措与东北、函馆的旧幕府势力斗争所需的军用资金，平均100石的酿酒量要求缴纳20两的更换执照费。明治四年（1871年）颁布了《清酒、浊酒、酱油营业执照授予并收税方法规则》，旧的酿酒执照制度被彻底废除。由此，所有产业确立了营业自由的原则。这一系列政策，给在江户时代一直作为国内第一酿酒地、繁荣的滩地区的酿酒商造成巨大的打击，当时以特权式营业模式维持下来的酿酒商亦深受影响。

明治五年（1872年），酿酒执照全部被县厅收回，大坂屋也归还4 300石的米谷收获量。已经缴纳的更换执照费860两也打了水漂。当时的户主是七代长部文治郎，庆应二年（1866年）刚继承了家业。

而且，大坂屋从第五代开始被允许称姓带刀，自称为"长部"。五代是长部长兵卫，六代是长部文次郎，接下来从七代开始改为长部文治郎，一直延续到十一代。

明治八年（1875年）颁布了《酒类税则》，开始征收加收一倍执照批准费的执照税。从次年的明治九年（1876年）全国清酒制造地数量来看，当时百石以下的酿酒厂占整体的71.6%。随着营业的自由化，地方酿酒商开始走向全国。

然而，明治十三年（1880年），新的《酿酒税制》颁布，清酒的酿酒税从每石1日元倍增到2日元。明治十五年（1882年），从2日元再倍增到4日元，不到100石的新酿酒商也得不到许可。自由民主活动家植木枝盛组织一批对政府的增税政策不满的酿酒商，开展名为"酒馆会议"的全国性减税请愿运动，但是据说滩地区的酿酒商们不关心这些。

大关酿酒今津灯塔

无法从史料中查到大关公司在这个时期的酿酒量。到了明治二十三年（1890年），可以查到酿酒量为4 515石的记录。这段时期今津乡的总酿酒量从明治二年（1869年）以后，反复着增减状态，明治二十一年（1888年）达到50 155石的高峰。然而，次年的明治二十二年（1889年）减少到37 694石，明治二十三年（1890年）也略减，之后呈现增加的趋势。大关公司也努力和今津乡的总量保持同步，在明治三十年（1897年）实现了5 114石的酿酒量、5个酒窖的记录。到了明治二十年代后半期，明治维新带来的混乱转变成发展的历史。

之后，明治三十八年（1905年）的酿酒量达到7 042石，酒窖6个。明治四十一年（1908年）更是把酒窖数增加到7个，酿酒量增加到8 383石，顺利地扩大了规模。

从"万两"到"大关"

江户时代大坂屋的主力品牌不是现在的"大关"，而是明治元年（1764年）命名的"万两"。明治十七年（1884年）的商标条例发布之后，重新注册了"大关"的商品名。

"大关"的意思是"大成功"，同时效仿当时人气高涨的大相扑的最高级别——"大关"，这也体现了大关公司立志确立酿酒界"大关"地位的决心。

事实上，"大关"从明治二十年（1887年）到明治四十年（1907年）间，随着酿酒技术的提高，在博览会、共进会、品评会等活动中获奖次数高达40次，远近闻名。明治四十年（1907年）十月，在由酿酒协会主办的东京第一次全国清酒品评会上，获得了一等奖，之后每次都获得优秀奖或一等奖。

此外，大正四年（1915年）和昭和三年（1928年）的天皇即位仪式时，唯有"大关"两次被荣幸地选为御神酒。

大关公司的构想中也有通过大相扑向消费者进行推广的目的。明治三十三年（1900年）在大阪举办的大相扑赛上，"大关"作为附加奖被授予获胜的力士。自那以后，五十多年过去了，昭和三十三年（1958年）开始向日本相扑协会捐赠可装1斗9升8合的纯银"大关"杯。

大关
大相扑的级别——大关，其词源是"取得大关"。现在是排在"横纲"之后，曾经是力士的最高级别。

大关杯颁奖仪式

想必从这些可以看出，战后大关公司传承下来的超强的市场洞察力。

更改品牌名的目的是向消费者进行推广，那么为什么一定要更改呢？90%的"万两"都被送到江户，进入明治时期后，销售范围扩大到全国各地，对被送往江户的酒而言，大关公司觉得"万两"这个名字有较明显的"都城到地方"的意思，于是决定更改。

销售范围扩大的原因是运输手段的革命性变革。江户时代用的是酿酒师自己的船——樽回船，直航到江户这个最大的消费地是效率最高的销售路线。然而，到了明治时代，蒸汽船的登场使得运输时间大大缩短，载货量能达到20倍。

这样一来，销路扩大到东京以外地区的机会多了起来，早在明治十九年（1886年），滩五乡的酿酒商们提交到县厅的文书上就写着"近来运到北海道的货量有逐渐增多的趋势"。

大坂屋所属的船用橱柜（万两牌）
装入贵重物品之类的小型橱柜，以备
船只遇难时等，放在船舱里。

中井酒店的独家销售

在明治时期以后大关公司的发展史上，中井酒店是不可遗忘的。江户时代，从都城到地方的酒是以酿酒商为主导的委托销售方式。酿酒商有选择批发商的自主权。大坂屋除了"万两"以外，根据不同品质，还有"恰好""江户市内""播种""鳞"等多达10种品牌的酒，将这些不同品牌的酒分别委托给批发商进行销售。

但是，出现了销售权逐渐被批发商掌握的趋势，明治政府的产业自由化政策进一步助长了这种趋势。对京阪地区的酿酒商来说，和东京的批发商建立新的业务关系成为亟待解决的问题。在这样的社会形势下，长部家已更名的"大关"在东京的独家销售店就是新川（现在的东京中央区新川）的中井酒店。大关公司在滩地区酿酒商的地位之所以不可撼动，和这家中井酒店之间密切的合作关系分不开。

　　"大关"的命名也和中井酒店有关。时任中井酒店经理的高木藤七的四儿子寿一，在回忆录《酒窖镇》（昭和四十四年）中写道："'大关'这个名字是酿酒始祖长部家的上上代的东家和我父亲讨论后定的，是我自豪的事情之一。他们也想过'横纲'，但是'横纲'表示成功的终点。所有的生意都不能有终点，而是要兴隆，所以最后决定用'大关'。"而且，中井酒店的业主——中井货币兑换店的主人——在肥州细川家的金融兑换店任职。有了这层关系，和相扑的官员家吉田追风也有来往，估计这也和后来取的"大关"的品牌名脱不了干系。

　　此外，藤七和俳句好友、灵岸岛（现在的新川）的画师佐藤旭峰合作，把"大关"原本单调的黑色字体的商标涂上红色再卖出去。

　　一方面，长部家等藤七的二儿子雄次郎中学毕业后，把他留在今津照顾，像家人一样看待，这加深了和高木家之间的交情。后来，雄次郎经九代长部文治郎介绍，进三井物产工作。长部家对中井酒店的恩情不止一二，两家结成了牢固的"家族情谊"。

明治十七年（1884 年）
申请商标注册时的商标

大正时期的飞速发展

接下来的大正时期大关公司取得飞跃性发展。

大正三年（1914年）初期，日俄战争后原本繁荣的经济转为萧条，酿酒行业也陷入低迷不振的状态，以第一次世界大战为契机，经济一下子转好。大关公司也在大正四年（1915年）将酒窖数量增加到10个，酿酒量也增加到10 335石。

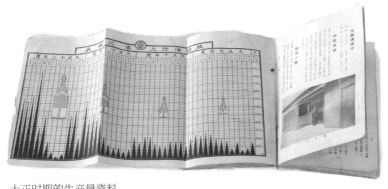

大正时期的生产量资料

之后，虽然在数据上看不出明显的增长，但是除了大正九年（1920年）跌落到8 532石以外，一直持续着10 000石以上的酿酒量。大正末年的十五年（1926年），酒窖数量增加到11个，酿酒量也第一次超过了12 000石。

取得如此飞跃性发展，靠的是技术革命。大正中期，引进了电力摩擦式精米机，取代了原本靠蒸汽或水车作为动力的捣磨精米机。所有机器全部换成摩擦式是到了昭和以后的事情，但据说大正中期约三分之一都已经用这种摩擦式了。由此，碾米程度变大，酒的质量也提高了。

除此之外，大正时期还有一个显著的发展，那就是瓶装方式增多了。从大正七年（1918年）对各种容器的比率进行的调查数据来看，桶装占82.3%，瓶装占17.7%。然而到了昭和三年（1928年），桶装占63.5%，瓶装则增加到35.5%，变化十分明显。

在大关公司，瓶装酒的需求量同样大增，单靠以前的瓶装工厂的生产力，昼夜加工也赶不上，于是在大正十三年（1924年）建立了一千几百坪的瓶装工厂。在新工厂，全部用蒸汽作动力，厂内环境整洁，机械设备也都是和清酒瓶装专利相关的最新款，在全国清酒瓶装工厂中也是最新式的，据说格外注意绝不让杂菌混进去。

此外，在大正十年（1921年），出现内壁镀了锡的铜罐，代替了原来30石的大桶。

而这些成就全靠十代长部文治郎的父亲——九代长部文治郎。关于大正时期的酿酒量和酒窖数量的增长在前面已经提过。这段时期，明治三十七年（1904年）约5 800石的清酒销售量，到了大正十二年（1923年），增加到三倍多，约18 500石。这都是因为从明治末期开始和朝鲜的齐藤松太郎、中国大连的黑岩商店结成特约关系等，抢先于竞争对手，进军大陆市场的成果。在国内市场，大正十五年（1926年）开设了大阪分店，次年的大正十六年（1927年）在神户建设仓库。第二年开办神户出差办公点，两年后改成神户分店，扩大了分店网。

九代把眼光放得很远，不仅对家业，也对酿酒业界和地区行政带来了影响。

大正五年（1916年），九代受邀就任今津酿酒行会会长；大正九年（1920年）四月，就任滩五乡酿酒组合联合会会长；同年五月作为全国酿酒行会副会长，开始奔走于业界的调和工作。次年的大正十年（1921年），基于强烈的呼声，担任今津村村长，今津村开始实行町制度以后，任第一代町长。

他还是位社会义务工作者。大正十年（1921年），为建造今津公营市场，捐出230坪用地。大正十二年（1923年）关东大地震时，将救援物资装上船，两次将物资通过海路送到东京。由此帮助滩地区的酒在关东大地震后在东京率先上市，同时作为重建家园所需材料的木材、镀锌薄铁皮、钉子、毯子等大受当地人的欢迎。如此，于公于私都留下丰功伟绩的九代长部文治郎，在另一方面是个有超"时髦"感的人。明治四年（1910年），九代参加了《朝日新闻》主办的环游世界旅行团，从美国一路看到欧洲。九代干劲十足地说道："我想在这次旅行中看看各国的洋酒现状。"

进军美国的梦想也传承到十代身上。昭和八年（1933年）三月，美国废除了禁酒法，十代在同年年底将"大关"出口到美国。在前面提到的昭和三十八年（1963年）的美国视察中也能看到九代带给他的影响。

战前与战争中的困境

第一次世界大战之后，日本经济进入长期的低迷状态。雪上加霜的是，昭和二年（1927年）爆发金融危机，发生挤兑风波。当时以超越日本第一商社三井物产的气势迅速发展起来的铃木商店倒闭，经济界陷入大混乱状态。中井酒店在这一年也停止了营业。政府颁布延期偿付政策后，似乎暂时平静了一阵，昭和四年（1929年）发生世界经济大萧条，日本也深受影响，股价大跌，再次陷入不景气的状态。受以稳定大米价格为目的的《谷物管控法》等的影响，酿酒业界的经营环境变得极其恶劣，昭和初期的十年间，酿酒业者竟减少了22%。

在此期间，大关公司并没有闲着。以九代的长子升一（后来的十代长部文治郎）为核心，在昭和七年（1932年），开始了当时具有划时代意义的冷饮酒"COLD大关"的销售。而且，在这样的经济环境下，强烈意识到维持个人经营模式是没有出路的，于是在昭和十年（1935年）开

办了"株式会社长部文治郎商店"。总资本是200万日元，由九代长部文
治郎任董事长，升一任副董事长。

昭和十一年（1936年），设立后来成为东京分店的大关东京宣传事务
所，在"满洲"开拓新市场等，以保持不可抵挡的进取精神。

同年，公开征集"大关"的商标图案，使之焕然一新。

旧图标　　　　　　　　　　　　新图标

昭和十二年（1937年），九代长部文治郎开始隐居，改名为文二，
升一作为十代长部文治郎就任新的社长。十代刚就任，就增加了2个酒
窖，共计16个酒窖，将生产量增加到19 316石。然而，同年七月爆发中
日战争，企业经营变得不尽如人意，只能维持遵循国家政策的业务，直
到"二战"结束。

在战时，也曾进军"满洲"、北京以及巴马（现在的缅甸）的仰光，
力图扩大事业范围，但是受战时的管控政策影响，不得已将昭和十四年
（1939年）的生产量减少到昭和十一年（1936年）的48%，16个酒窖中有
4个闲置下来。昭和十七年（1942年），再次减少30%以上，只有10个酒
窖继续使用，仅生产了7 950石。第二年战况愈发严峻，用5个酒窖只生
产了4 790石。

到了昭和十九年（1944年），闲置不用的酒窖被军队要求作为军需工

厂借出去，昭和二十年（1945年）作为"大关酒精工厂"，用来制造航空燃料用酒精。

销售方面也面临窘境。昭和十四年（1939年）开始实行日本酒的价格管控制度，销售方面受到影响。接下来的昭和十六年（1941年），成立了以都道府县为单位的酒类销售会社，作为酒类的配给机构，多年来辛苦构建的销售网不得不面临自动消亡的命运。

昭和二十年（1945年）八月五日，西宫地区遭受大空袭，大阪和神户之间的工业地带化为一片焦土。留给大关公司的只有挖地储存的900石日本酒、蒸馏塔和旧瓶装工厂。

250年的大关，岂能说倒就倒

据说战争宣告结束后的几天里，叱咤风云的九代长部文治郎，即长部文二，和当时47岁的十代长部文治郎面对面时也只是抱怨和叹气。

然而，十代下定决心重新振作起来，即便是为了返工的职工，也要再让大关公司复兴起来。当时仅有的资产就是900石的日本酒。这时，十代漫无目的地到神户三宫的黑市去了。

到了黑市，十代顿时目瞪口呆。当时，二级清酒的官方价格是每升8日元，在黑市却卖到350日元。当时男性上班族的月平均收入是700日元，这对老百姓来说简直是天价。

合不合法暂且不说，老百姓鲜活的生存意识令十代深受触动。另一方面，时不时会听到不少饮用甲醇致死的新闻。尽早复兴成为大关公司的社会使命。十代决绝地说道："250年的大关岂能在我这代倒闭，绝不能有这种事儿。"他踏上了艰难的复兴之路。

他亲自带头指挥修整烧焦的厂房，一边借用兵库县加西郡（当时名，下同）的三宅酿酒厂、三木町的北井酿酒厂和神户市滩区花木酿酒厂的酒窖，辛苦准备受严格管控的原料配给米，收购容器，到战争结束的昭和二十年（1945年）年底，酿酒量达到1 630石。

次年的昭和二十一年（1946年），"幸"酒窖恢复生产，还新建了"葵"酒窖。昭和二十二年（1947年）"平和"酒窖建成，在这里建成了前面提到的混凝土制、贴瓷砖的酒窖，接着马不停蹄地重开了大阪分店和东京分店。在这些复兴过程中，融资方面深得神户银行 [①] 的帮助。

十代心里并没想只要大关好就高枕无忧了，他还担任了滩五乡酿酒行会董事长、兵库县酿酒协会董事长等要职，致力战后复兴事业。在昭和二十二年（1947年）天皇出行时，请天皇视察了兵库县酿酒组合联合会。当时天皇的关爱之语给了滩五乡的酿酒企业很大的鼓舞。

之后，在朝鲜战争以及从昭和三十年（1955年）到昭和三十二年（1957年）持续的"神武景气"的推动下，日本经济得到迅速恢复。酿酒业界同样在良好的经营环境下，各家公司都转变成近代企业。大关公司也从昭和三十五年（1960年）开始销售高档酒"高级大关"，同年五月5个酒窖的酿酒量达到21 889石。昭和三十七年（1962年），九代长部文治郎，即长部文二，在新年第一天去世，这成为一年悲伤的开端。同年十月似乎要一扫阴霾似的将公司改名为"大关酿酒株式会社"。肩负起新时代的大关公司迫切需要新的商品出现。

回顾大关公司漫长的发展历史，深感大关始终在困境中保持不言放弃、不惧风险，同时坚定地向前冲的意志。这一经营意志后来被十一代

---

① 神户银行，在昭和十一年（1936年）二月成立的广田内阁推行的"一县一行主义"政策下，同年十二月，总店位于兵库县内的神户冈崎、五十六、西宫、滩商业、姬路、高砂、三十八7家分行重新合并，成立了株式会社神户银行，是现在三井住友银行的前身。

长部文治郎浓缩在"魁"字里。

"魁"字早在昭和三十五年（1960年）就出现在"高级大关"的商标上，不过当时好像并非有什么特殊含义而被印上去的。但是，这个字也可以理解为"妖怪喝干一斗酒"，很中十代的意，于是昭和四十二年（1967年），公司内部刊物《魁》开始发行，意思就很明确了。

平成三年（1991年）公司更名为"大关株式会社"，同一年发表了"跃进魁集团？＆！（问题和振奋）"的公司的新方针。这表示时刻带着"？（为什么）"，对事物怀着探究的意识，燃烧激情，积极进取，创造痛快的"！（感动）"的意思。一个"魁"字真的是把大关公司的基因概括得很到位。

大关公司方针

"高级大关"发行时期海报 1

"高级大关"发行时期海报 2

对味道、口感和设计的高度重视

重视商品设计

大关公司从"二战"开始前就很重视设计。前面也提到昭和十一年（1936年）公开招募了商标图案。当时由日本画家川端龙子担任评委，采用了东京的图案设计师小林琴夜的设计。至今为止这都是大关公司注册商标的基调。一等奖的奖金是100日元，可以在当时购买50瓶上等酒。战后，昭和二十五年（1950年），从外部邀请了被称作"日本现代设计之父"的今竹七郎，昭和二十八年（1953年），将重新发售的"COLD 大关"的礼品盒和宣传画的设计委托给泽村彻。

昭和三十二年（1957年），以后来继承师名的十一代文治郎长部恒雄为核心，向美术评论家胜见胜请教大关的设计战略。当时胜见在日本提倡重新研究工业设计，昭和三十四年（1959年）创办《图解设计》，昭和三十九年（1964年）就任东京造型大学教授，担任东京奥运会设计专门委员会委员长。

小池岩太郎（1913—1992）
设计教育者、工业设计师。出生于东京。曾任商工省工艺指导所技术员，昭和二十二年（1947年）任母校东京美术学校（现东京艺术大学）副教授。昭和四十年（1965年）任教授。昭和五十五年（1970年）组成GK设计集团。除了"One CUP 大关"以外，还担任摩托车唱机等的设计。艺术研究振兴财团董事长。

"高级大关"授奖仪式

经胜见介绍了东京美术学校（现东京艺术大学）的小池岩太郎，小池再介绍了东京女子美术大学的松川凇二。松川提倡多亲近大自然，通过独到的观察和感性，将映入眼帘的线条和纹路在胶片上重现出来，追求设计的独创性。他在日本传统艺术领域也造诣颇深，创造出很多引用日本本土主题的设计作品。

昭和三十二年（1957年），邀请了这两位到新产品开发会"场"，进行会晤，同时也有营业部门和工厂职工可参加。之后每个月一次的定期例会便由此展开，后发展成为昭和三十六年（1961年）四月的设计大会（后来的商品企划委员会）。

从这里诞生的"高级大关"的设计，在昭和三十六年（1961年）的包装设计展上获得了通产大臣奖。

松川凇二（1911—1972）

图解设计师。出生于东京。追求实现不只看表面，捕捉对象深层的魅力和特征，以设计和表达本质的理念。担任森永制果株式会社、花王香皂株式会社的产品企划。之后，自昭和二十九年（1954年）起任东京女子美术大学教授。此外，昭和三十五年（1960年）到昭和四十年（1965年）的五年间，任日本包装、设计协会董事。

商标由松川设计，成为主题的大关的"大"字，是自京都的大文字山得到的灵感。后来的"One CUP 大关"的企划是以这个设计大会为中心进行的。关于设计大会，亲历大关公司代表商品"辛丹波""大坂屋长兵卫"的设计，现在依旧参与多项商品设计的岩崎坚司说："不论是有什么样想法的人，都可以畅所欲言，气氛很愉快，很活跃。由先辈们奠定、脉脉相传到今天的大关的魁精神，把它活力满满的状态体现在商品上，希望饮用的顾客也能被这种气氛感染，开心愉悦。"

这不仅是一个"赚钱的设计"，而是把"心思"融进设计中。

为了纪念"One CUP 大关"50周年，大关公司开发了"One CUP 'O——'"，担任其包装设计的鬼丸敏广对大关公司的前瞻性做了这样的评价："现在的商品开发现场，不仅有设计师等创作者，还有专业工作人员参与，这种情况司空见惯。但是五十多年前就为了一个品牌，举办这样的设计大会是很令人兴奋而感动的事情。可以看出大关公司很早就理解了设计的价值，并付诸行动。"

岩崎坚司（1935— ）
出生于静冈市绀屋町。居住在长泉町东野。
设计师。东京艺术大学美术部图案专业毕业。连续两年入围日本宣传美术会公募展，获得各种广告奖项。
昭和四十五年（1970 年）到平成十六年（2004 年），作为设计顾问，设计了"大坂屋长兵卫""辛丹波""山田锦"等多个大关公司的商品。

商品企划委员会记录册

商品企划委员会笔记

八个开发要点

长部二郎在平成十四年（2002年）出版的影集《大关的某个风景》里有这样一段故事：

"从口袋掏出果酱瓶，问这种酒瓶行不行。这是当时担任山村玻璃销售科长的日垣正男说的话。这就是'One CUP 大关'开发的起点，是昭和三十五年（1960年）的事情。当时在西宫有个叫'一生会（一升会）'的由三十几岁青年组成的组织，以交往一生、畅饮一升为目的的同好会，成员有10个人。（中略）日垣先生能够直率地把创意说出来，是因为在这个组织里结下了深厚的友谊。"

说不定是二郎的记忆成为"One CUP 大关"诞生的原点吧。使"One CUP 大关"的构想浮出水面的是山村玻璃的日垣。昭和三十八年（1963年）元月，日垣带来一则好消息，说是"山村玻璃即将引进美国开发的IS 机器（自动制造宽口瓶的机器），有信心制作贵公司需要的宽口瓶"。公司技术开发人员也作出判断，说如果用铝做瓶盖，应该能做出一键式开口瓶盖。由此，再次燃起 One CUP 构想实现的希望之火。

虽然对杯装酒还有争议，但是既然有可能性，那就应该为实现它努把力看看，想必这就是他们当时的想法。于是他们立刻在设计大会展开正式讨论，目标群体迅速锁定为年轻消费者。

一生会（一升会）当时十一代长部文治郎，即长部二郎，参加的组织，由西宫的十位三十几岁青年共同组成的学习团体。

日垣正男于1997年去世。昭和三十年（1955年），进山村玻璃株式会社（现日本山村玻璃株式会社）就职。曾任大阪分店店长，昭和六十一年（1986年），任山村仓库株式会社董事长。

当时喜欢日本酒的是相对年长的消费群。把酒从一升装酒瓶倒在酒壶里，加热以后用酒盅喝就是典型的饮酒方式。很难想象他们能马上接受杯装的冷饮酒。另一方面，年轻人主要喝的是啤酒、威士忌等洋酒。前面已经说过昭和三十四年（1959年）的啤酒年出货量已经超过了清酒。如果他们这群人不喝日本酒的话，日本酒就没有未来，十一代心里还有这样的危机感。希望年轻人能喜欢上日本酒，加上这样的愿望，有人提出这样的建议："今后我们要做的是人们享受闲暇时光时随时可以轻松饮用的酒，这样，好动的年轻人就会愿意买，不是吗？"

"如果是面向年轻人的话，得有个时尚的设计才行啊！"

"容器的款式也要体现功能啊！"

"要去掉杯装酒的负面印象，需要制作年轻人喜欢的广告。"

"把酒带到户外的话，要一次喝得完，量不能太多。"经过多次坦诚而轻松愉快的讨论之后，他们定下以下八个开发要点：

①销售对象：年轻人

②打破杯装酒在消费者心中的旧形象（即让消费者联想到劣质酒）

③宣传直接用杯子喝清酒的好处

④前提是大众商品，因此要装入一级酒

⑤瓶盖用一键式（商品的特性上，用开瓶器没有意义）

⑥容量定为180毫升

⑦用一次性宽口瓶

⑧设计始终要考虑功能性

在这里补充一点，"一次性瓶"指的是不考虑循环利用的玻璃瓶，按颜色分类之后击碎，成为循环利用原料的碎玻璃。相反，洗净后再使用的叫回收瓶。和回收瓶比较，一次性瓶可以使用轻量型的。

开发方案终于定下来了。这是昭和三十八年（1963年）四月的事情。了解后来"One CUP 大关"发展过程的人看到这个方案，会感慨这的确是符合当时背景的正确方案。然而，实现之路却荆棘密布，困难重重。

《大关的风景》
长部二郎作为公司经营领导出差到全国各地时，拍摄了很多贴有"大关"招牌的场景，在照片上附上和客户之间的故事或俳句。

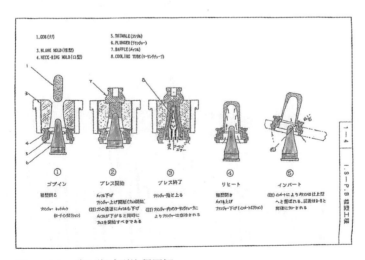

IS machine 宽口瓶成型流程图解

让年轻人喝上"美酒"

八个开发要点中有"②打破杯装酒在消费者心中的旧形象（即让消费者联想到劣质酒）""④前提是大众商品，因此要装入一级酒"两项有关瓶中酒的内容。"One CUP 大关"里装的是什么样的酒呢？在说明这点之前，作为参考，说一说日本酒的等级。

昭和十二年（1937年）中日战争爆发，大米市场陷入混乱状态，随处可见叫"金鱼酒"的低度酒，还有黑市酒。对此，昭和十五年（1940年）政府对日本酒进行监督，出台了按照酒精含量和质量划分的等级制度。当时有"特级""一级""二级""三级""四级"和"五级"6个级别。战后，酒的配给制度被废除，可以自由销售后，这个制度仍然延续下去，最后定为"特级""一级""二级"3个级别。按照昭和三十七年（1962年）制定的酒精度基准，特级为16.0～17.0度，一级为15.5～16.5度，二级为15.0～16.0度，根据等级不同，征税额也不同。因为原本是为了排斥酒精度低的日本酒而定下的制度，因此在这一点来说也无可厚非，但是引起酿酒业界的批评和不满，说是酒的质量和酒精度未必是一致的。因此，该制度在平成四年（1992年）被废除，改成现在以本酿造酒、纯米酒等八种分类方法构成的特定名称酒 [①] 制度。

昭和三十九年（1964年）清酒级别的全国市场份额分别是：特级酒为4.6%，一级酒为21.1%，二级酒是74.3%。而大关公司的特级酒为17.3%，一级酒为82.7%，二级酒没有出售。这意味着"One CUP 大关"要在特级酒和一级酒中选出来。因为是面向年轻人的大众商品，最后选

---

① 特定名称酒，即根据原料、制作方法等的不同，分为以下八类：纯米大精酿、纯米精酿、大精酿、精酿、纯米酒、特别纯米酒、本酿造酒、特别本酿造酒。

择了酒税相对少且销售价格也低的一级酒。前面提到的"八个开发要点"中的"④的前提是大众商品，因此要装入一级酒"说的就是这个意思。

但是，装入一级酒的意义不仅在这一点上。考虑到当时二级酒的市场份额几乎达到75%，一级酒对老百姓来说是高级且儒雅的酒。也就是说，同时也满足了"②打破杯装酒在消费者心中的旧形象（即让消费者联想到劣质酒）"的要求。

大关公司力求酿造的是喝不腻的日本酒。不太甜，也不太烈，注重"好的口感"。装入"One CUP 大关"里的酒当然也不例外。

迄今保持大关公司品质基石的人就是重久胜[①]元专务董事生产本部长。重久怀着"要酿出在哪儿都受用的广泛普及的酒"的信念，一心想酿出"浓郁的发酵香，滑爽美味的酒"，历经无数次失败、反复大胆且缜密的试验，引进速酿菌种开发、曲种制作，之后全面改造成酵母下料。

速酿菌种是在下料水中事先放入乳酸，比起以前利用乳酸菌生成乳酸的传统制作方法，可以缩短工期的制作方法。通过此法，可以降低酒糟腐败的概率，酵母的纯度也得以提高。曲子有嫩曲和老曲两种，通常使用嫩曲的话，可以酿出现在所说的"滑爽"的酒；如果用老曲的话，酿出来的酒就会味道厚重。酵母下料酿造是指用培养酵母代替酒母（在菌种、蒸米加上酒曲发酵），其目的也是大幅缩短工期。通过这一系列的酿酒工艺改革，大关公司开始制作和全国顶级酿酒商资格匹配的高质量的酒。

还有一位不能遗忘的是参与酿酒工作的安本千代——酿酒师（原丹

---

① 重久胜（1929—1979），出生于鹿儿岛县。昭和三十二年（1957年）进公司。曾担任制作部部长，昭和五十三年（1978年），任专务董事生产本部长。
安本千代一（1915—1987），出生于兵库县。昭和二十一年（1946年）进公司，曾任"葵""和光""寿"酒窖的酿酒师。昭和五十九年（1984年）任总酿酒师。丹波酿酒师行会会长。昭和五十八年（1983年）被授予黄绶奖章。

波杜氏行会会长）。安本在大正四年（1915年）出生于丹波筱山，世人称"丹波酿酒师"。昭和五年（1930年），十六岁时在别的酒窖做杂工，昭和十八年（1943年）好不容易掌握了酒曲的制作技术，却被应征入伍。

战后的昭和二十一年（1946年），安本在长部文治郎商店"北"酒窖任酒曲制作师，为大关公司工作，昭和二十七年（1952年）成为大关公司的酿酒师。他作为有着传统技术的酿酒师，却富有进取精神，是在老一辈中少有的。

在佐佐木久子撰写的《为酒而生的男人》（镰仓书房）的采访中，关于机械化，安本淡然答道："继蒸米机、冷却机之后酒曲也用机器制造，在传统制作方式的基础上，用近似手工的方式酿酒，是挺辛苦的。"在被问到是否对机械化有抵触心理时，他说："这是未来的趋势，所以没有。酿酒需要劳动力，而这些劳动力被大企业占去，我们招不到匠人，机械化之后，只要一半的人力就可以了。"

安本对科学知识和技术也十分重视，在《日本酿造协会杂志》七十五号［昭和五十五年（1980年）］上，以安本为核心的大关公司职员发表了题为《酿酒原料白米的吸水调整方法》的学术论文。

这样的安本，据说在"One CUP 大关"发售时，曾担忧地说："一直都做一升装酒，改装在玻璃杯里，卖得出去吗？"这一点说明他是个传统的人。尽管如此，安本还是把个人的担心撇在一边，依旧认真制作装在"One CUP 大关"里的酒，具备了真正的匠人精神。

据说，酿酒师同行们对他的评价是："人品是没得说的，就是个工作狂。"他本人也充满魄力和热情地表示："为了做出我们民族的酒，我把精气神都投入到酿酒事业里，不能让这传统的火种熄灭啊。"十一代长部文治郎也特别尊敬安本，说他是"像酒神一样的长辈，希望一直都身体健康地给予我们指导"。然而他终究敌不过病魔，他于昭和六十二年

（1987年）去世。安本生前一直说，不实行通勤制度的话，就招不到酿酒师和匠人。在为实现他的遗愿建造的丹波工厂里，矗立着由十一代建的"酒匠安本千代一之碑"，以此颂扬他的丰功伟绩。

"One CUP 大关"装的是为酿酒事业倾其一生的人所酿造的"货真价实"的酒，同时融入了希望年轻人了解此酒的心意。这个愿望必须实现。这需要解决酒瓶、瓶盖、设计三大挑战。大关公司的开发者们是如何攻克这三大难关的呢？

对宽口瓶的严苛要求

即便现在清酒的瓶子主要还是一升装瓶等小口径的玻璃瓶。不单是日本酒、啤酒、葡萄酒、烧酒，几乎都一样。这是为了装完酒后要保证气密性。当然，从不易漏酒这个重要条件来说，也是口径小的瓶子更适合。

更何况，当时没有宽口瓶的清酒。作为业界首个挑战者，当然面临重重难关。前面已经提到改为宽口瓶是由十代长部文治郎提出的创意，他认为把酒倒在杯子里，喝起来比较方便。此外，山村玻璃的日垣带来好消息，说公司引进了美国产宽口瓶自动制作机器，于是开发方案被正式定下来。

在这里再补充一点，那就是长部二郎在一个叫"酒文化研究所"的网站上，一个题为"酒文化论"的对话栏目中公开提到的"秘谈"内容。"当初我向前任社长，就是我父亲提了两个建议。一个是现在的杯子，还有一个是在医院用的装药的安瓿形状的大容器，把酒装进去后，用吸管啾的一吸（笑）。（中略）父亲说这个不行，把酒装在医用容器里怎么行，而且用锉刀砍断瓶颈时候，会有玻璃碴飞进去。所以命我放弃安瓿，用杯子。从结果来看，这是正确的决定。"

因此决定用杯型容器，瓶子的形状设计由小池岩太郎负责，从小池想出的十几个设计方案中选出六个，先制作了木型。

试制品有各种各样的。“瓶子的形状决定‘One CUP 大关’成功与否，所以我们在选择上特别谨慎。通常，人们看惯拿在手里的杯子类容器后，脑子里已经形成固定观念，觉得杯子就是这个样子的。因此，也有不少人提出采用有杯子模样的容器。出于重视后期利用的原因，还有人提出采用喝完后不舍得扔掉的高价杯子。”和田昭三在前面提到的《从企划到产品化“One CUP 大关”的包装设计》中回忆道。

经过这些讨论，开发重点定在“把功能性放在首位的设计”上，最后决定采用现在的圆柱形设计，因为它满足了干净利落、有别于现有杯子、有独创性、简单却不俗等形状条件。

容量为 180 毫升的木型试制品（六种）

玻璃瓶的颜色也成为讨论的内容。以采用自动制瓶装置为前提，最后选了茶色、蓝色、透明玻璃三种。从有趣的设计和品质保证的角度考虑，不少开发人员偏向于茶色。但是茶色给人的感觉像药瓶。还有一些人的意见是部分有内涵的人士可能会喜欢这种颜色，但是普通民众不会喜欢。从“杯装酒”这一基本条件出发，最后决定还是用透明的比较好。

因为是直接拿着喝，瓶子要尽量轻薄，瓶口要平滑。最后重量可以做到145克，酒壶型一合装的瓶子重量是210克，相较之下，重量轻了很多。比普通的杯子有些厚，但是考虑到机械化装瓶、运输条件、瓶盖的拧紧度等诸多条件，不能做得再薄了。

"我们向制瓶厂提出超水平的吹制条件，他们可能也意识到这会打开清酒容器的新销路，所以干劲十足，给了我们很多帮助。"和田回忆道。

酒的容量在定下开发要点时，已经定为180毫升，也就是一合，当时也有人提出脱离尺贯法，提出150毫升、200毫升的意见，但是考虑到价格政策和竞争商家之间的关系等，经讨论仍定为180毫升。

设计会议现场

直接对着瓶子喝就是推销重点，因此舒适的唇接触感是最重要的研究课题。这不仅是在开发之时，也是在发售之后一直进行改进的课题。回顾当初的设计，杯子的口径是60毫米，嘴唇会留在瓶口外。这点受爱酒人士的欢迎，在前面提到的在《酒文化研究所》的对话中，熟知当地酒情况的谷本互和长部二郎之间有以下的对话。

谷本："我喜欢这个瓶子的独创性。"

长部："还是最喜欢你直率啊。你看，嘴唇留在瓶口外，是吧？唇接触感很不错。"

谷本："别说嘴唇，说'亲嘴'吧（笑）！和唇接触点有绝妙的平衡呀，这会让人多喝上几杯。"

长部："言之有理。"

然而，为了这个不错的唇接触感，工厂可是经历了千辛万苦。一位在生产线上工作过的校友说这个瓶口部位在制作过程中碰撞时会产生细小碎粒，当时格外留意不让这些碎粒混进去。

为了防止碎粒混入，负责检验的职员约25人，每20分钟分3人用肉眼进行检验。后来引进 X 射线检验机后，彻底改成机械化，但是碎粒混入的问题直到平成四年（1992年）在改变瓶盖形状的同时将瓶子的口径缩小到54毫米，才得以解决。

瓶子的开发历经千辛万苦，前面提到的在《酒文化研究所》的对话中，谷本给予很高的评价："令我佩服的是这个'拿在手里时的感觉'，这样的感性。还有这种嘴唇碰到瓶口时的舒适感，我认为这是最棒的发明。"

另外，在往瓶子上标上计量等方面，为顾客方便、追求好口感不断进行改良。例如，后面接近瓶底的发圆部位的弧度变大，使瓶子变得更轻，同时减少了易碎的危险性。

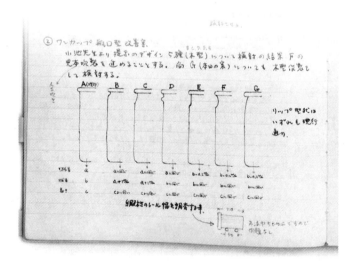

宽口瓶的瓶口形状（开发记录）

困难重重的瓶盖开发

瓶盖的开发比瓶子本身更加艰难。长部二郎在给前面提到的校友会杂志的投稿文中，对瓶盖开发情况进行了这样的总结："包括清酒在内，装入液体的瓶子，即便是装1.8升的小瓶，外径也有30毫米，至于碳酸饮料啤酒，需要更高的真空度，因此啤酒瓶的口径更小，这些想必大家都知道。现在我们要把口径扩大到60毫米，做成杯子的形状，还要螺旋式瓶盖，改进唇接触感，提高设计美感，做成提拉式瓶盖，而且酒不能漏。要满足这些条件，实在不是易事。当时的材料负责部门从早到晚脑子里只有这件事情，他们不分昼夜地进行防止漏酒的研究。"

其实 One CUP 的构想在昭和三十六年（1961年）前就被提出过，当时延缓实行的原因也是因为瓶盖问题。当时曾考虑过装果酱的宽口瓶是否能用在日本酒上。之所以没有采用是因为唇接触感不佳，设计的样式也不漂亮。至少不符合大关公司开发人员的审美标准。

用二郎的另一句话说"酒不能用旋转式的"。另外还要解决在《One CUP 细节大图》中写到的"因为瓶盖内侧贴了橡胶密封垫圈，有橡胶的味道，所以不适合"的味道问题。

前面已经讲过 One CUP 的构想重新得以启动的契机，是山村玻璃的日垣带来消息说他们公司引进了制作宽口瓶的自动化机器，除了这个原因其实还有一点，这一点就从和田昭三的《从企划到产品化"One CUP 大关"的包装设计》中引用一段话："瓶盖采用的是铝材料，一开始打算采用的是 K 产业 M 先生的方案，用新型瓶盖。但是原本用几百瓶做试验时是合格的，在实际使用过程中却发现有意想不到的缺陷。"

　　这里所说的新型瓶盖是用铝做的一键式开启型瓶盖。现在的提拉式瓶盖也是一键式的一种，但当时的盖子上有豁口，先剥开这个豁口后再开瓶。除了宽口瓶自动制瓶机器，还因为有这个新式瓶盖的开发，One CUP 的构想才得以重新启动。

　　那么，意想不到的缺陷究竟是什么呢？虽然制作方面没有问题，但是一个试饮后的职员抱怨道："不行不行，残留着这样的味道，怎么卖得出去呢？"瓶盖材料的味道影响酒味的问题又出现了。

设计大会现场

瓶盖的变化、改进中的瓶盖

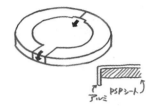

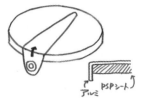

①卷扣式　昭和三十九年（1964 年）
十月至昭和四十四年（1969 年）五月
图左箭头：铝
　右箭头：PSP 垫

②抓手式　昭和四十四年（1969 年）
五月至昭和四十五年（1970 年）九月
图左箭头：铝
　右箭头：PSP 垫

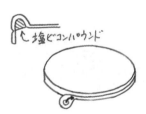

③撕开式　昭和四十五年（1970 年）
九月至平成四年（1992 年）九月
图箭头：氯乙烯复合物

④提拉式　平成四年（1992 年）九月至
平成二十六年（2014 年）十月
图箭头：氯乙烯复合物

开发了各种各样的瓶盖开启方式。

开盖方法

提拉式瓶盖　　　　　　撕开式瓶盖

　　还有密封性的问题。前提是绝对不能用开瓶器，但是满足这个条件的同时确保密封功能一看就是不可能的。简单的方法是采用拧紧式的瓶盖，但是这样就失去了舒适的唇接触感。开发团队最后想出的是卷扣方式。

　　卷扣方式是在容器上插入金属盖，将容器和盖子一起转动，再用刮刀将金属盖的下端弄弯固定的方法。当时的现场工作人员说他们用手洗净山村玻璃公司装在竹筐里送来的瓶子，装酒也亲自动手，再用铸模把瓶盖一个个扣上。有时候因为用力过猛，会把瓶子弄碎。

　　为了提高密封性能，针对垫圈，在有豁口的铝盖内侧封入 PSP（泡沫聚苯乙烯）膜。这个方法从昭和四十四年（1969年）五月到次年昭和四十五年（1970年）十月之间销售的"抓手式"（铝盖的外侧加上"抓手"，由此剥开盖子的方式）瓶盖上也采用过。

　　但是 PSP 使树脂的味道渗入酒里的问题依然存在。而且，售后的漏酒问题十分严重。长部二郎后来回忆道："这是一场持久战，昭和四十五年（1970年）开发出现在的撕开式瓶盖的五年左右的时间里，为了处理接二连三产生的投诉，可以说包括各家公司的瓶盖技术人员在内，持续经历了无休止的困苦历程。有一段时间被逼到停止销售的地步。"

　　二郎也说过，密封性和材料异味影响酒质的问题一直存在，一直到将氯乙烯复合物用于密封材料的撕开式被采用的昭和四十五年（1970年）九月为止。然而他们没有停止脚步，在平成四年（1992年）开发出提拉式，而且现在还在不断改良中。

　　为了和透明玻璃瓶的蓝色部分协调，瓶盖的设计保留了铝的原色，在中央部位用红色标上大关的商标。现在除了把底色改成红色以外，基本格调没有变。

　　此外，说到"One CUP 大关"，谁都会想起的聚乙烯的瓶盖是昭和四十年（1965年）开始被采用的。饮用的人在火车、户外等地方想重新盖上盖子的时候很有用。不仅如此，为了使人们获得舒适的唇接触感，瓶口部位稍微凸起，这样一来如果瓶子之间相互碰撞，这个部位容易破损。聚乙烯瓶盖还有防止这种损伤的作用。从结果来看，这种设计有着双重效果。还有，昭和四十二年（1967年），能够实现自动售货机上的销售，没有聚乙烯瓶盖是办不到的。

颠覆清酒的传统印象

负责"One CUP 'O——'"包装设计的鬼丸敏广说明了其简洁又难忘的特点："One CUP 大关"的 DNA 是藏青色和白色字母的商标。因为这些要素都简洁明了，很好记。

"One CUP 大关"的商标设计在当时是具有划时代意义的。再借用鬼丸的话，"即便到现在，它依然是代表日本的设计作品之一，给人踏实又可信赖的印象"。这里所说的"现在"是从"One CUP 大关"诞生后正好五十年的平成二十六年（2014年）。

鬼丸不仅担任设计，还亲自对创作者进行了指导。作品设计师宫下利次在平成二十一年（2009年），在《甘辛手册》的"食物设计研究所"中举了"One CUP 大关"的例子，对其革新意义作出这样的评价："把固定印象中的一升瓶装日本酒装入杯子里，是具有将座机变成手机一样意义的革新。带给人们这种冲击感的就是这个商标。"宫下还说道："你会发现它的细节非常缜密，颜色是亮眼的蓝色。（中略）而且，'CUP'字样中只有'U'的左上角是正90度。我认为这是这个商标不易被察觉的重点。但是SAKE、OZEKI、One CUP，它们三个是不协调的，这点很微妙（笑）。商品大众化的现在，这种不协调感反而令人觉得恰到好处。"

当记者问道："听说发售时的销售对象是年轻人，是这样吗？"宫下回答说："这一点也能从商标上看出来，像边缘的裂缝一样利落的处理，这是当时的年轻人喜欢的有些不羁的、酷酷的表现。"

商标的设计由松川烝二担任，按照十代长部文治郎的"不要像传统的清酒的样子，设计符合年轻人口味的颜色"的要求所做，以当时清酒业界少有的蓝色为底色，也有传言说是十代在夏威夷旅行时被海的颜色迷住才选的。

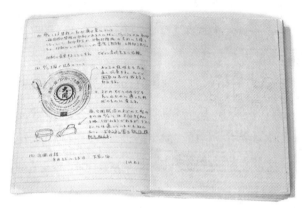

瓶盖的形状（开发记录）

前面提到的和田的《从企划到产品化"One CUP 大关"的包装设计》中也写到十代对商标提出过同样的要求。"为了体现'One CUP 大关'的独特个性，设计一定要有简洁且吸引顾客的力量，是按照这样的要求请设计师设计的。要想突破日本酒墨守成规的外观设计，果断地冒次险也是必要的。"

另外，使用英文字母是因为同一年举办东京奥运会，也希望吸引外国人来购买。

标记

和田是这样描述商标设计完成时的喜悦感的：

"做出来的设计充分体现了作者的个性，如大家看到的那样，在蓝色的底色上，用白色的文字大胆刻出 One CUP，下面全部用罗马字标出 OZEKI。日本酒的商品只用罗马字设计，这一点会招来质疑的声音，对这一点是有心理准备的。想象着年轻人一口气喝完'One CUP 大关'的情景，心想这是多么绝妙的、漂亮的设计，难掩心中的喜悦之情。我认为我们成功了。"

对这个商标，十代长部文治郎是如何反应的呢？用长部二郎的话证实一下（前述校友会杂志）："这种蓝底白字的美术字体是和当时传统的日本酒的设计完全不一样的、崭新的设计。明治时代出生的前任社长很赞赏这个设计，特别积极地支持和推进这个企划，可见他是位十分有洞察力的、思想超前的人。"

当初，从成本的角度考虑过贴商标的方法。不过因为还想到喝完后瓶子可以留下来在家庭中使用，瓶子本身会起到广告效果，因此价格虽然贵一些，但还是决定直接印在瓶子上。

然而直接印刷碰到技术上的难题。考虑到杯口，把瓶子做薄了，发现和牛奶瓶等一般的瓶子相比，需要降低印刷时的设定温度。这样一来，为了"One CUP 大关"一个商品需要单独启用加热炉，不用说成本肯定会上去。

这个问题最后交给杯子专业印刷公司才得以解决。

不曾想又出现了问题。因为瓶子是放在模具里做的，所以总会留下接缝。在接缝上印刷商标，会影响美观，如果要指定印刷位置，就得做个标记。而杯子因为不用模具，所以不会留下接缝。也就是说杯子专业印刷公司的印刷机是没有标记的。因此决定让外方印刷公司配备带标记的印刷机。

经过这样艰辛的过程，成功地在瓶子上直接印上了商标，然而，当初小卖店的反应非常不好。实地把酒装进去后，从背面看，作为底色的蓝色就会散开，"看着像墨水瓶，这怎么卖呀？"据说当时小卖店和批发商们辛辣的评论铺天盖地。于是决定白底加蓝色，鲜亮的蓝色色调被映衬出来。

昭和四十八年（1973年）第一次石油危机爆发后，瓶身的印刷成本急剧上升，直接印刷不得已改成了贴商标的方式。当时想出了"One CUP写真"的构想，那就是在商标的背面印上日本的风景、庙会、外国的交通工具和女性等彩色照片，受到消费者的广泛好评。

"One CUP 大关"没卖出去，我就去不了极乐世界呀

大关公司内部和外部开发人员的艰苦奋斗终于结成硕果，"One CUP大关"在昭和三十九年（1964年）十月十日，即东京奥运会开幕之日开始发售。价格是85日元。然而，当初的销售状况没有预想的好，第一年度（算下来是半年）只卖出69万瓶，第二年的昭和四十年（1965年）卖出119万瓶，仅占大关公司总销售量的0.9%。

发售初期，还发生过"One CUP 大关"的酒变成茶色的事情。经研究所分析之后查出是因为山村玻璃公司在制瓶过程中有极少量的铁元素混入酒中的缘故。首创的产品总是伴随着意想不到的艰难。此外，还接连发生酒从瓶子漏出等投诉，前述长部二郎的回忆录中也提到周围也有过要求停止销售的声音，比任何人都确信"One CUP 大关"成功的十代坚决不同意停止生产。

但曾以海量闻名的十代却患上了肝病，在昭和四十一年（1966年）住进大阪大学医学部附属医院。据说十代即便躺在病床上，还让家人从酒屋买来"One CUP 大关"，说："我喝一杯的话，销售量不就多了一个

吗？想什么也得把'One CUP 大关'卖出去，这就是我的使命。"

有这样的传闻——董事来探病的时候，十代也大声激励道："One CUP 的销售情况怎么样啊？给我多卖出几瓶。如果卖得不好，我就去不了极乐世界了呀。"

然而事与愿违，十代长部文治郎在同年四月十五日去世。

令人啼笑皆非的是，"One CUP 大关"开始大展宏图是"生之父"十代去世以后。那就像一场复仇战一样。

大关株式会社的变迁

年　代	事　件
1711 年 （正德元年）	初代大坂屋长兵卫（长部文治郎的始祖）在今津村创业。
1764 年	酒品牌"万两"登场。
1810 年	自费在今津港口建立常明灯。
1884 年	这一年颁布了商标条例，将之前的酒品牌"万两"改成"大关"，提出商标申请。
1907 年	在第一次全国清酒品评会上获得一等奖。
1915 年	大正天皇即位典礼时，订下"大关"作为御神酒。
1921 年	在中井酒店发售瓶装酒。
1928 年	昭和天皇即位典礼时，订下"大关"作为御神酒。
1932 年	发售冷饮酒"COLD 大关"。
1935 年	改成股份制机制，成立"株式会社长部文治郎商店"。
1936 年	悬赏招募商标图案设计（采用了小林琴夜的图案"缆绳符号"）。
1945 年	由于空袭，总公司的设备几乎都被烧毁。
1950 年	将特级和一级酒的商标和小标记分别改成"葵纹大关"和"酒之司大关"。

年　代	事　件
1951 年	"COLD 大关"恢复销售。
1953 年	建设"恒和"酒窖。
1957 年	南极观测船"宗谷"装上大关酒。电视上开始播放大关的插播广告。为了对一升装瓶、小瓶的全新商标设计，经胜美胜先生介绍，委托小池岩太郎、松川炁二两位担任设计。
1958 年	从 7 月赛事开始，向大相扑获胜力士赠送大关杯。
1960 年	发售特级"高级大关"700 毫升瓶装酒。其包装设计获得通产大臣奖。"寿"酒窖竣工。
1961 年	设计大会启动（小池、松川两位任顾问）。
1962 年	将公司名改成"大关酿酒株式会社"。
1964 年	发售"One CUP 大关"（1979 年 9 月，以为容器开发和普及作贡献为由，被授予石川弥八郎奖）。第一装瓶工厂竣工。
1965 年	在灯塔纪念日完成"大关酿酒今津灯塔"的复原（1968 年被海上保安厅正式认定为航路标识。西宫市重要文化遗产）。
1967 年	引进酒类业界首个 One CUP 自动售货机。商品企划委员会启动。
1974 年	发售大关"甜酒"。
1975 年	第二装瓶工厂竣工。
1976 年	发表"盒装酒"试验（1978 年在全国发售）。其包装设计获得 1977 年通产大臣奖。丹波工厂竣工。取得了吹上烧酒股份。
1978 年	开设旧金山驻在员办事处。
1979 年	在美国加利福尼亚州霍利斯特市成立 Ozeki Sun Benito 公司，开始酿酒。电子计算机联线化。
1980 年	综合研究所，进修中心竣工。
1985 年	将公司名从 Ozeki Sun Benito 公司改为 Ozeki Sake（USA），Inc.（美国）。成立现在的 Ozeki F & C。"畅饮"发售。
1986 年	"大坂屋长兵卫"发售。成立株式会社越后酿酒厂。

（续表）

年　代	事　件
1987 年	用酿酒副产品（米糠）做成的洁面慕斯发售。
1988 年	"辛丹波"发售。
1989 年	鸣尾滨技术磨坊竣工。
1990 年	"十级精酿"发售。
1991 年	将公司名称改为"大关株式会社"。制定公司新方案、企业商标。
1995 年	因阪神淡路大地震，总公司设施受损。开设纽约办事处。总公司工厂竣工。
1996 年	"恒和西"酒窖竣工。
1999 年	获得 ISO14001。
2000 年	开设互联网主页。
2001 年	关寿庵开业。
2004 年	取得多闻商标（2005 年 2 月开始在天阁销售）。
2005 年	以玄米为原料的基础化妆品"R20"开始销售。
2006 年	甜酒瓶装成套设备得到"通过综合卫生管理制造工程制造或加工食品的批准"（HACCP）。
2007 年	将滩酿酒株式会社改为集团公司。
2008 年	纳入 Ozeki F & C 株式会社的食品、化妆品、特别销售部门。
2009 年	鸣尾滨配送中心启动。
2010 年	今津灯塔创建 200 周年。
2011 年	创窖酿酒 300 周年。
2012 年	滩酿酒株式会社解体，同时取得金鹿商标。

第二章

不是"One KOP",而是"One CUP"!

——超前的市场部门开拓的新市场

说服了名社长的儿子们如此说

大关不被人所知的市场部门

"One CUP 大关"是超凡的市场部门创造出来的具有革新意义的商品。现在，市场部门开发商品不算什么稀罕事。但是在连市场部门的叫法都没普及的昭和三十年代就能做到绝非易事。在第一章也提到大关公司从江户时代开始就在日本酒的领域进行过各种创新。

大关公司作为企业，正如"魁精神"这一词中也体现的那样，在开窖酿酒达303年的漫长历史中，一直秉承着靠自己进行创新的DNA。但并不是有了这样的DNA就能自然而然地产生具有革新意义的商品。

即便诞生了一个瞬间被捧为时代宠儿的新商品，也未必都会成为长销不衰的畅销产品，大部分都像证明某时代的证据一样转瞬即逝。要么可能是过于超前，其价值还没有被市场接受，就悄悄淡出市场。

相比之下，大关公司是怎么做到不仅创造"One CUP 大关"这样一个具有革新意义的商品，而且在之后50年的时间里，让它依旧是摆在店铺最醒目位置的热销商品的呢？

其实，最大的原因之一就是大关公司不被人知的"市场营销"。

那么，"市场营销"是怎么创造出"One CUP 大关"这样一个具有革新意义的商品，让它在市场稳扎下根来的呢？在研究其背景之前，先简单了解一下市场营销在日本的发展历程。

起初，市场营销的概念开始被引入日本是在20世纪50年代后期。昭和三十一年（1956年）公布的经济白皮书中可以看到"现在已经不是'战后'了"的句子，强调日本结束战后复兴期，正走上构筑新的经济原动力的舞台，同时也意味着市场要求结束"复兴特需"这样的经济发展模式，需要通过自己的智慧和力量创造新的经济模式。

像是回应这样的市场要求似的，效仿市场营销先进国家美国的模式，于昭和三十二年（1957年）成立了"日本市场营销协会"[1]。市场营销的含义也随着时代的变化逐渐发生了改变。昭和十二年（1937年）成立的市场活动的鼻祖"美国市场营销协会（AMA）"的最新定义（2007年改定）是这样的："所谓市场营销，是为创造、传递、配送、交换对顾客、委托人、合伙人以及整体社会具有价值的供给物的活动，同时也是为其而运行的一系列的制度和过程。"

换句话说，所谓市场营销，并不是单纯地从如何制作、销售和扩大商品、服务的角度考虑，而是在各样的沟通过程中能让消费者说出"我们想要的是这种东西"，让产品能够实现其价值的、具有高层次的视角和量的活动。

但是在市场营销的概念刚被引进日本时，带着这样的视角和量展开商业活动的日本企业应该是少之又少吧。

当时的日本进入经济高速增长期，只要产品能制作出来，想卖多少就能卖多少。因为商家脑子里想的市场营销关于量的方面都是如何快速批量地向中产阶级卖出比别家公司更新、更高级的产品。

之后在电视的普及、超市的出现等影响下，企业不仅停留于制作产品上，市场营销的范围将扩大到促销战略、流通战略等如何提高顾客接

---

[1] 日本市场营销协会（JMA），以产学协作的方式，通过市场营销的理论和技法研究、教育、普及活动，以现代化经营和产业发展为目的，于战后的复兴期——昭和三十二年（1957年）成立。之后，作为市场营销的全国中心，展开活动。
（摘自日本市场营销协会主页）

受产品的效率，确保最佳的销售机会等方面。

值得一提的是，尽管在那样的时代背景下，大关公司推进的"市场营销"的目的不仅在扩大生产和销售上，更是在"创造新的顾客和新的市场"上，这一点值得大书特书。

昭和三十六年（1961年）八月由董事们举办的题为"说一说昭和四十年（1965年）的大关——未来的蓝图"的座谈会上，讲到这样的内容："只要产品好，什么都卖得出去的时代已经过去了。现在，质量管理等各商家都熟门熟路了，以后我们要么靠新的经营方针、宣传，要么靠企业政策，由这些因素左右商品命运的时代即将到来。"

当全社会一个劲儿地强调大量生产、大量消费的时候，大关公司已经开始认真思考未来的发展方向了。

要让年轻一代喜欢上日本酒啊

当市场营销的概念被引进日本的时候，夸张一点说，同时也是造就日本社会生活方式和行为模式巨大变化的时代。

让我们看看被称为"三大神器"的洗衣机、冰箱、黑白电视机的家庭普及率（内阁府资料）：昭和三十年（1955年），洗衣机是9.9%，冰箱是1.1%，黑白电视机是2.8%。仅五年后的昭和三十五年（1960年），洗衣机是40.6%，冰箱是10.1%，黑白电视是44.7%，普及率飞速提高。

发生变化的不仅是耐用消费品，人们生活的根基——住房也同样如此。昭和三十年（1955年）日本住宅公团（现在的"都市再生机构"）成立，从传统的几代同堂的大房型变成以夫妻为单位的小家庭房型，各地出现用钢筋混凝土建造的公寓型住宅。

带桌椅的饭厅、抽水马桶、浴槽、阳台等齐备的现代化生活方式吸引了当时青年夫妇的眼光。休息日一来，夏天到海边做海水浴，冬天到山上滑雪，"休闲娱乐"一词时兴起来的同时，很多人不再忍受生活带来的压力，而是开始享受生活了。

生活方式、行为模式的改变也会带来饮食方面的变化。昭和三十四年（1959年），在酒类商品的年上市量中一直处于首位的日本酒被啤酒赶上，次年在纳税额上啤酒同样超过了日本酒。

"说到酒就会想起日本酒"变成"说到酒就会想起啤酒"，人们的喜好和意识也在转变。

当然，即便生活方式和行为模式发生改变，并不等于长久相伴日本人的清酒，即日本酒会一下子遭到废弃。但是，大关公司可不会盘着腿什么也不做。

这是因为在任何时代大关的 DNA 里始终留存着"有没有更让大家喜欢的东西呢"的思维模式，并按照这个思路，朝着想象和创新的方向迈进。当然，他们也抱着危机感，心想照此下去，日本酒就会落后于时代，以"陈年老式"的状态"苟延残喘"。

正在这个时候，日本发生了众多象征"新时代"的事情。除了建造东京塔，当时的皇太子明仁亲王和非皇族、华族出身的美智子妃成婚带来的"美智子热潮"、东海道新干线开通以及东京奥运会开幕等。

据说看着这些变化，大关公司感慨："在四叠半大的榻榻米上，用酒壶喝啊喝的，这种日本酒要喝到什么时候？我们来做让更多的年轻人喜欢喝的全新的日本酒吧。"他们边听取年轻职员们的意见，边进行讨论。

在讨论过程中浮出水面的就是此前在设计大会上也被提到过的构想，即由于当时技术上找不到解决方案而被搁置的"不需要酒壶和酒杯的酒"，也就是开发新的杯装酒的方案。

1948年以后One CUP和全国清酒上市量对比

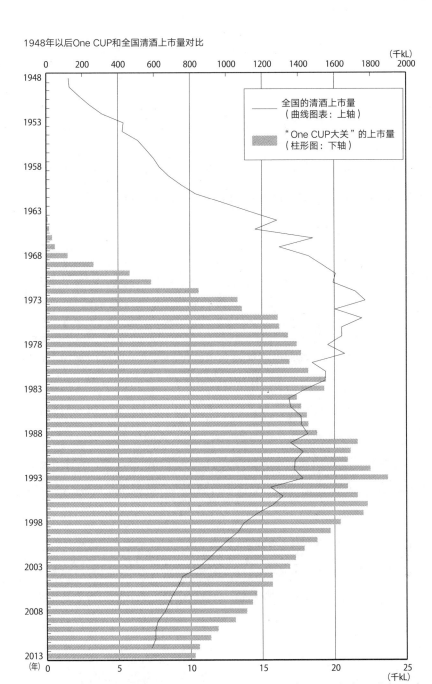

※全国的清酒上市量摘自国税厅课税部酒税课发表的《酒的指南》［平成二十年（2008年）三月］。
※"One CUP大关"的上市量，摘自大关公司资料。

这正是以"创造新的顾客和新的市场"为目的的市场营销导向的新商品开发。

不是追着需求跑，而是"创造"的市场营销

市场营销的目的不仅是为了多制作、多销售商品。在前面也讲到市场营销的定义是"对全社会提供价值，同时进行交流的一系列活动"，这才是市场营销最大的意义。

在这一点上，可以说大关公司也走在时代的前沿。很多清酒制造商仍旧把促销任务全权委托给酒类批发商的昭和初期，在昭和十一年（1936年），大关公司开设了东京宣传事务所（东京分店的前身）。这一年爆发了二·二六事件，是预示历史突变的一年。

冠以"宣传"的名头也体现了大关公司的风格。这里的宣传不仅包括促销活动、公关活动，还包括信息收集战略（智能）。在那个商家单方面制作并销售商品的商品供给时代，大关公司就已经着手做新的商品开发，从消费者的意见和生活中得到启发，唤起新的购买需求。

这样的市场营销和创造需求的开启甚至可以追溯历史，在大正时期也能看到。当时，机器吹制方式使得清酒的一升装玻璃瓶产量大幅增加，清酒的瓶装需求急增，大关公司也在大正十三年（1924年）启动了业界首个带有全蒸汽动力式生产线的瓶装工厂。

一般情况下，在这个基础上，只要努力满足日渐增多的需求量就可以了，但是大关公司并没有满足于此，而是再次投入到新的需求创造中去。

昭和七年（1932年），大关公司的西式瓶装冷饮酒"COLD 大关"上市。内装日本酒却采用英文品牌名，这在日本酒漫长的历史上是前所未有的。其"洋气"的品牌名引起人们的热议，在夏季畅饮时的清爽感带给人们崭新的饮酒方式，创造了新的市场和新的顾客。

同时，大关公司还在销售店铺放置"COLD 大关"的专用冰箱，在当时可谓极为特立独行的促销方式。电器厂家东芝开始发售日本首个插电式冰箱是在昭和五年（1930年）。当时冰箱的价格相当于盖一栋房子的价钱，因此即便是冰冷式冰箱，也能买到"冰镇酒"，这是很有吸引力的促销方式。

前面已经提到其他酿酒公司对这件事的反应，他们看得目瞪口呆，说："大关他们居然卖起冷饮酒来了，酒可是热了才能喝的哟……"

然而，这个不像日本酒的"不倒翁形"酒、看似舶来品的瓶子和品牌名相得益彰，很快成为好酒人士们的热门话题。

如果按照日本酒的传统模式，包装、设计和名称等依旧保持不变，只是"卖冷饮日本酒"而已的话，也不会引起人们更多的重视和话题，达不到创造新的需求的目的。

要想创造新的需求，不应该止步于过去的成功经验，要对包装、设计和名称等重新进行构思，再作为全新的商品推出市场。可见大关式的市场营销构想早在"二战"前就已经开始了。

现在，我们在"变革的困境"等理论中可以看到靠过去的成功经验，只追求眼前的"顾客需求"，不知何时被从零开始构想的公司夺去市场的现象。在还没出现这种理论的时代，已经开始了这种构思，说明大关公司有非凡的远见。

1932 年发售的第一代"COLD 大关"

打开日本酒全新未来的命名

——昭和三十八年（1963年）四月，大关公司设计大会

"还是定 One KOP 吧？"十代长部文治郎社长说。

"不，用 One CUP 吧。"在场的委员会成员拼了命似的反对。

彻底颠覆传统日本酒概念的杯装日本酒的开发也接近尾声，末了还争论不休的焦点留在命名上。传统日本酒的命名方式自然是用日语文字。"二战"前发售的"COLD 大关"也是首次引用英文字母，可谓史无前例的创新，但是大家不叫"COLD"，而是以"COLD 大关"的叫法，作为一个商品名被大家所熟知。

既然是彻底颠覆日本酒固定概念的新商品，也应该去掉对日本酒的传统命名概念。社长以下、设计大会成员们的想法都是一样的，但怎么也想不出"非它莫属"的名字。

正在这时，十代长部文治郎的次子二郎（当时任董事资材部长）正要作为海外酿酒业界视察团的一员，访问各国的葡萄酒厂、啤酒厂。可是二郎完全不懂英语，于是决定请神户女子学院讲师、英国人波特曼女士到家里来，和家人一起做英语对话练习。

听着波特曼女士的英语，跟着她模仿，虽然听着像小孩讲英语，但是二郎练得很认真。

"One cup of tea"二郎正努力听着老师流利的英语，猛然想到："One cup？！"英语里"一杯茶"的"一杯"是读"One cup"呀……二郎顿时觉得好像拨开云雾了。因为"One cup"一词听起来畅快而且对谁来说都简单易懂，时髦又有亲切感。

——过了几天，

"新商品的名字叫'One CUP'怎么样？"二郎向设计大会提出建议。

成员们听了以后，表情一下子亮了起来。

"很新颖！"

当然部分人认为名字起得一点都没有日本酒的感觉，担心不能被市场接受，但后来还是被 One CUP 带来的新潮时髦的明快感吸引，在设计大会上也决定采纳这个命名方案。

然而——

这时有人喊了声："等一下！"不是别人，正是十代长部文治郎社长。

"在日本谁会说'cup'？应该是'kop'吧。即便如此是这样，商品名也得叫'One CUP'吗？"

这下设计大会的成员们要头疼了，因为已经按照 One CUP 的名字构想好了 One CUP 的商标设计。然而在当时的大关公司上下，不可能违抗从构想到实行诸方面以独裁闻名的十代长部文治郎。成员中部分人开始动摇了。之所以担心不只是因为遭到了社长的反对。当时在东京兴起叫"One Cup 立餐店"的站着喝酒的摊点，取了 One CUP 的名字，会被怀疑是抄袭。

而且聚在"One Cup 立餐店"喝得脸通红的模样还是给人"大叔们享用的廉价酒"的感觉，那就不是大关公司追求的向年轻人提供新的喝酒方式的日本酒。

这时有两个人起到了说服的作用。他们是设计大会成员，在"One CUP 大关"的商品化方面，不论是创意概念、设计还是新市场创造等无一落下的小池岩太郎和松川炁二。两个人提议道："如果商标的设计是用英文字母的话，读音也要统一用英文读音，才能体现新颖感。"最后十代也表示认可，正式定下 One CUP 的读音。

实现创新的体制

一个新机制——"设计大会"

日本酒领域原本一直维持着"保守"状态。人们以为把祖传下来的东西和传统一起继承下来才是稳当的。

但是，前面也提到，大关公司在"魁精神"的旗帜下，在继承日本风土孕育的日本酒的传统的同时，时刻不忘创新。这种挑战和创新不仅在商品开发、销售方法以及市场营销等生意捷径上，还涉及被认为和日本酒八竿子打不到边的"设计"上。

而且大关公司所考虑的设计不仅是指容器、商标。一句话概括就是要进行"日本酒的新样式""日本酒的未来"的设计的雄心壮志。

回顾历史可以看出大关公司很早就意识到了设计的重要性。昭和十一年（1936年）对"大关"的商标设计进行了更新，在报纸上悬赏招募商标图案，请日本画家川端龙子担任评委。川端不满足于当时主流的"细腻精巧"风格，以展览会这一"会场"作为舞台，推崇向大众传递力量的大作主义，以"会场艺术主义"为基调，接二连三创作出大画面的超大作品。

川端是打破日本画传统格调的真正变革者，委托这样一个人作评委，说明大关公司的做法也是颠覆传统模式的，它做了一次将"设计"概念引入日本酒商标的大胆尝试。

战后大关公司也曾委托泽村彻担任一升装纸板箱、重新上市的"COLD 大关"的礼品盒及宣传画的设计工作。昭和三十六年（1961年）

则制定了更具划时代意义的机制，那就是借助设计的力量。

这个机制就是设计大会的启动。以十一代长部文治郎（当时任常务董事）为核心，为了探讨日本酒的理想状态，招聘外部专家，下定决心推进设计改革。

大关公司将酿造味道和品质均为一流的酒作为使命，设计方面理所当然地也要和一流的专业人士合作。从这一想法出发，他们查阅资料，找到了先后担任日本设计学会设计委员、东京造型大学教授，并担任东京奥运会设计专门委员会委员长的胜见胜。紧接着，十代长部文治郎及随行三人竟然找到胜见家里。

既然决定要干，就摆好架势，一口气以迅雷不及掩耳之势攻向目标正是大关公司的特点。

面对他们的突然造访，胜见虽然吃惊不小，但还是停下手头工作，将桌上的书推到一边，向冒昧的来访者们问道："不知大家有何贵干？"

待十代他们开门见山地讲明缘由之后，胜见沉默不语，想了一会儿。后来的事情就像前面提到的那样，由胜见介绍小池岩太郎，再由小池介绍松川后，两位成为大关公司的设计大会创办成员，之后不断进行探讨日本酒未来的研究。

设计大会以生产、物流、资材等各部门选出的八个职员为核心，加上小池和松川，每月举行一次例行会议。会议上，大家畅所欲言，自由交流。通常情况下，从外部请来的专家大多是摆设，或只是对公司内外起到镀金的作用而已，但在大关公司完全不一样。

通过这个大会创造出日本酒的新文化、新构想，他们怀揣着这样的意志和干劲，经过热烈讨论，不断创造出新的构想。现在，我们从先进的企业身上能够看到企业为了实现颠覆性的新变革，将视野进一步拓展到商品应有的理想状态、与社会的关联等进行"设计"的情景。

　　然而，从现在追溯到五十多年之前，一个清酒老字号是怎么实现这样的机制的呢？

"COLD 大关"

时刻关注时代与人的关系变化

　　设计大会的成员之一、后来负责设计至今仍受顾客喜爱的"One CUP 大关"酒瓶造型的工业设计师小池岩太郎认为设计不应该放在首位，而首先应该从"受人们喜爱的商品是什么"的角度进行探讨。

　　小池认为设计的目的不是把东西卖出去，而应该时刻考虑当人们把商品拿在手里时的感受，并对自己的这一观点丝毫不让步。

　　从下面的轶事中可以看出小池的这种工作态度。晚年的代表作之一"COLD 大关"的摇瓶在昭和五十三年（1978年）开始发售，经由小林亚星① 作词、作曲的《摇曳的时间》的广告曲《缭绕》而风靡一时，如名

---

① 小林亚星（1932—　　），出生于东京。除了大关的电视广告，接连创作了包括有名的《一尺姑娘》《不不》在内，明治制果公司的《切尔西》《随处可行》《日出之树（这树是什么树？）》等热门广告歌曲。是日本具代表性的作曲家。获得包括唱片大奖在内众多奖项。此外，还创作了《说到酒就是大关》［作词、作曲，昭和四十五年（1970年）］、《酒，有大关就可以》［作曲，昭和四十八年（1973年）］等作品。

字所示，可以看着摇曳的瓶子，享受日本酒的美味，实在是别具风格。

瓶底呈舒缓的半圆形，用手指轻轻摁下去，像"起身的小法师"一样，略带柔和弧度的方形琥珀色酒瓶不停摇摆着。

这个酒瓶的设计不单只考虑了"摇曳"感。在开发过程中，营销部门曾提出"把商标贴在瓶子的宽面，这样摆在店铺时看上去会很醒目"。但是，小池不肯接受。为了在购买时一只手就能轻松拿起酒瓶，在瓶子宽面特意做了一个凹处。不仅如此，还可以摆放更多瓶数，而且，这种酒瓶形状取出来很方便，所以店铺也很满意。

除了酒的领域，小池在其他商品设计上也大显身手。昭和二十九年（1954年）设计的雅马哈唱片机以木制箱子为基调，富有现代感的凝练却带有优雅的美感。有这样的轶闻：工业设计师柳宗理[①]看到小池的作品，觉得这个设计既有无法超越的收敛感，又带着温暖的美感，说道："我还以为这是没有设计师参与的设计呢。"

当时是推崇"形状来自功能"的功能主义盛行的时代，也许是小池起到了找回被人们遗忘的"人的真实感"的作用。

这原封不动地体现了"对人的爱"才是设计重要的内容，意味着虽不惊天动地，却不论何时何地都能聚焦人气的"One CUP大关"瓶的设计里也倾注了这样的爱。

大关公司的设计大会不仅聚集于商品设计上，更多地将视野扩展到商品的理想状态、与社会的关联等方面，换句话说，把商品和人的幸福之间的关系也考虑在设计里。能实现这一点，离不开很多小池这样的人

[①] 柳宗理（1915—2011），出生于东京。工业设计师。东京美术学校（现东京艺术大学）毕业后，成立柳工业设计研究会。作品以兼具独特形态和实用性居多，代表作有"蝴蝶凳"。东京奥运会火炬、札幌奥运会圣火台，还有餐具、刀具、家居等，在诸多领域展开了设计活动。

物参与其中。

而从这个设计大会中提出的"随时随地都可以马上饮用的日本酒""闲暇时在室外也能轻松饮用的日本酒"——"One CUP 大关"的构想逐渐浮出了水面。

迎难而上的营销体制改革

"One CUP 大关"诞生的时间是昭和三十九年（1964年）十月十日。日本加快经济高速增长的气势，"One CUP 大关"也乘风而上，似乎在市场上大展风头。然而，过程却绝不是顺风顺水的。

昭和四十年（1965年）到昭和四十一年（1966年）期间，东京奥运会时的景气逆转，使得很多企业遭受打击。这就是所谓的"昭和四十年的不景气""证券市场的萧条"[①]。尤其在昭和四十年（1965年），前后时期一直呈上升态势的经济增长率——当时的指标——国民生产总值（GNP）的实际增长率大幅下降，为4.4%（前一年为13.3%）。

山阳特殊制钢公司当时以最大规模的负债总额500亿日元倒闭，证券公司也接二连三出现赤字，政府决定发行战后首次赤字国债也是在这一年。

清酒业界的业绩在社会动荡中也深受影响。受过去的景气扩大基调的氛围影响，很多清酒制造商扩大了生产，整体需求却很疲软。一流品牌之间的销售竞争变得愈发激烈。

这时"One CUP 大关"刚上市没多久，正处于起飞前在跑道上滑行的状态。尽管如此，大关公司的销售量从整体来讲是增长的。

---

① 证券市场的萧条，从举办东京奥运会的昭和三十九年（1964年）下半年到次年的昭和四十年（1965年）间发生的萧条，也叫"昭和四十年的不景气""结构性萧条"。

其主要原因不仅在于商品本身的影响力，作为整体市场营销一环的营销改革同样不能忽略。清酒业界习惯上重视历史与传统，尽管如此，大关公司仍然不忘迎接新的挑战。可以说，有了这种挑战精神，才能创造出像"One CUP 大关"这样"从零开始创造顾客"的具有划时代意义的商品。

从昭和四十二年（1967年）开始，大关公司在关东、关西两地举办特约店会议，后来规模扩展到全国。全国的特约店聚在一起开会在清酒业界可谓是第一次，这成为日本酒在全国范围展开市场营销的开端。

接下来的昭和四十五年（1970年）引进了通用小型计算机，在清酒业界率先实现营销管理业务的系统化。其独特之处不仅体现在业务管理上，也体现在作为进一步的措施，以各分店、各科室为单位，计算出利润贡献率，在独有的评分规则的基础上，以比赛的形式进行业绩评估。

让我们看看营销机制。大关公司以通过计算机来引进营销管理系统为开端，汇总和共享营销的相关信息，在一线也同样积极执行。

视速度为生命的全国营销大会

我们来看一看"One CUP 大关"发售前后大关公司的营销机构。以东京为例，常务会下直属的有营销部，接下来是东京分店，再下面有统管接单、发货、库存、运输等工作的业务科和销售科，还有地区营业部门。

而各个机构分摊其负责区域的特约店（酒类批发店）的销售数据、销售数量等，进行区域市场营销。当时的清酒酿造厂大多把具体的市场营销等工作委托酒类批发商来做，大关公司立志把目标扩大到全国范围，其系统性地进行营销和市场活动的决心，在当时很有前瞻性。

不仅如此，全国的科长以上的成员每个月集中在西宫的总公司，参加营销大会。这些人的出差费应该也不算是小数目，但在创造好产品、探索好的营销方式方面，大关公司不计成本。

在大会上确认销售目标的进展和战略进行确认和共享，但营销大会的目的不只这些。汇总并收集现场汇聚的各种信息，再进行反馈，迅速做出改进措施才是主要目的。

当时的营销本部长是长部二郎，是十一代长部文治郎的弟弟。因为他有在生产现场、资材部门等工作的经历，比谁都清楚积极响应顾客对商品的期待是多么重要的事情。

此外，这个全国营销大会必须成为商品改良之所有很大的理由。在第三章也会具体说明，发售初"One CUP 大关"因为前卫的创意和容器的时尚感，销路很不理想，而且还有酒从瓶盖漏出的问题。

什么样的顾客提出什么样的投诉或要求？销售表现好的是什么样风格的店？什么样的顾客什么时间来购买？

将这些信息一个不落地收集起来，以转换成商品改良和促销的动力，不然"One CUP 大关"的未来是暗淡渺茫的。

二郎一听到有顾客投诉、商品被退回，就跑到仓库亲自检查质量，拼命想解决堆积如山的退货问题。眼前掠过父亲，也可以说是"One CUP 大关"的生父——十代长部文治郎的脸。十代曾引以为豪的"得意之作"——"One CUP 大关"还是看不出有好的前景。

而十代因为肝硬化卧病在床。十代虽然躺在病床上，但满脑子都是自己决定做，并集结了十一代及全体职员们全部精力的新商品。十代想起视察途中经过夏威夷时在海军俱乐部看到的耀眼的蓝色。他坚信像夏威夷阳光照耀下波光粼粼的大海一样，"One CUP 大关"的蓝色标志总有一天会成为带给人们欢笑的商品。

但离十代的信念和愿望的实现还需要一点时间。

通过航空邮件，翌日掌握全国的营销情况

日本酒的流通过程通常是清酒酿酒厂将商品批发给叫特约店的酒类批发商，再从批发商分别转到居酒屋、餐饮店或者量贩店、小卖部等。除了在当地的小酒窖自主进行交易的情况以外，大型清酒厂家如果不经过这样的流通体系，终端的顾客是拿不到酒的。

当然，大关公司作为全国知名品牌的大公司，同样严格遵循这个流通规则。如果这样，按理"One CUP 大关"也应瞬间横扫全国的大街小巷，成为热销商品，但却没有。因为关键的特约店，还有酒馆，仍对"One CUP 大关"抱怀疑的态度。

说起日本酒，传统的喝法是将一升装瓶里的酒倒入酒壶，热了后再用酒杯喝。和这种天经地义的喝法相悖，把酒装在透明玻璃容器里，印上毫无日本酒风格的蓝色英文字母的"One CUP 大关"，即便营销人员再怎么恳求卖它，特约店和酒馆都无法想象这么新潮的酒能卖出去。

最重要的是价格问题。"One CUP 大关"的价格是85日元。看一看昭和三十九年（1964年）的物价（总务省统计局的零售物价统计调查）①，中式荞麦面约为59日元［平成二十四年（2012年）为587日元］，成人的

---

① 1964 年的物价（总务省统计局）

"One CUP 大关"	85 日元
中式荞麦面	59 日元
电影票 ※ 成人票	221 日元
报纸价格（1 个月）	450 日元
邮递费（封口书信）	10 日元
邮递费（明信片）	5 日元
香蕉（1kg）	228 日元

电影票价为221日元［平成二十四年（2012年）为1 800日元］。相较之下，"One CUP大关"85日元的价格不算便宜。

而且，从特约店和酒馆的角度来说，如果有其他进价便宜、销售量又多的酒，自然愿意把储存空间和劳力花在这些酒上。因为这样对自己更有利。

不承想这个85日元的价格后来成为"One CUP大关"强有力的武器。战前开始一直持续的清酒价格管控制度在昭和三十五年（1960年）被废除，原则上实现价格自由化，但接下来各清酒厂家纷纷抬高了特级酒和一级酒的价格。然而，唯有"One CUP大关"听从营销部门的强烈要求，没有提价，保持原来的价格不变。

营销部门认为"One CUP大关"还没有得到市场的认可，总之希望价格保持不变，直到销路变好。同时从经营的角度来讲是艰难的，现场也承认这一点。

这期间大关公司的经营状况并不乐观。虽然没有到解体的地步，但洋酒厂家三得利、啤酒厂家麒麟呈现刷新"酒"市场的气势，日本酒本身的存在感越来越弱了。

即便如此，大关公司的营销负责人丝毫不退缩。大家坚信"我们公司是酿好酒的，我们做的'One CUP大关'也肯定会得到大家的喜爱"。所以，他们下决心无论用什么办法都要卖出去。

营销人员详尽地记下自己负责区域每天的营销情况，同时把"One CUP大关"在市场中的动向记在日报上。每个据点一天不落地将日报收集起来，用最晚的航班送到总公司。

日报上不仅记录了每天的营销数据，还记录了顾客关于"One CUP大关"的投诉或怎样的促销活动有效果等详细的情况，累积起来是一份厚厚的报告。

　　副社长兼营销本部长——长部二郎出差到全国的店铺视察，回到总公司后把所有日报拿过来，在出差时乘坐的新干线上一一进行确认。据说有时候分店长都不知道的事情被副社长抢在前面知道，二郎因下面的人解决的速度太慢而发火。

平成十五年（2003年）时的长部二郎

　　写在日报上，领导层就会下达指示，这对年轻的营销人员来说是很大的激励，现场和经营成为一体，形成有效的信息共享机制，这是大关公司的一个强项。

　　只要有一点需要改进的地方，就立刻进行处理。日报中甚至提到某个有实力的特约店的女儿和某某结婚等信息，根据这一信息，总公司就会向特约店送出贺礼。

　　作为营销高层，别说详细掌握营销情况，看到手写的报告都会即刻做出回应。大关公司已经形成了所谓的热线体制，想必这在清酒业界也是独树一帜的。

争先创造新市场

市场无言的抗拒

"怎么样啊，One CUP 的销路？"

"不行不行，哪儿都不把它当日本酒看，怎么卖得出去呀，你们拿回去算了。"

千辛万苦开发出来，十代长部文治郎都说"得意之作"的"One CUP 大关"在市场的评价并不怎么样。

"One CUP 大关"在东京奥运会开幕的昭和三十九年（1964年）十月十日进行发售，但相对于大关公司14万3 000石的总销售量，"One CUP 大关"第一年的销售量仅为690石，仅占0.48%。次年的昭和四十年（1965年）也没有太大增长，为1 200石。以至于公司内部有些人说"趁伤口再扩大之前，赶紧结束销售的好"。

仓库里的确堆满了被退回来的酒。退回的理由是"'One CUP 大关'的瓶盖漏酒"。

还有过这样的事情。一次，新商品"One CUP 大关"被当作礼物赠送给关系不错的宝塚歌剧团女演员。之后对方打来电话说放进鳄鱼皮包里的酒漏出来，搞得包里黏糊糊的。这位女演员打电话来倒不是发牢骚，而出于关心来提醒这样的商品不能被卖到市场。

但是，"One CUP 大关"是响应未来的时代变化而推陈出新的商品。销路不好是事实，但这同样说明"还没有被原本定为目标的年轻顾客群接受"。

很多情况下，人们对变化是抱着抵触心理的。能否打破这种抵触情绪的分水岭在于"One CUP 大关"是越过屏障成为畅销产品，还是从此被"打入冷宫"。

怎么做才能打破这个屏障呢？大关公司内部进行了无数次的讨论。在讨论过程中，明白了现在"One CUP 大关"面临的屏障是什么。

首先，透明瓶身印上蓝色英文字母的商标这一崭新的设计因被原有的顾客认为"没有日本酒的感觉"而受到抵触。

而且，当时在人们心里有"杯装酒＝廉价酒"的固定观念，"One CUP 大关"也被认定和杯装酒一样，是"不上档次的"。还有，靠当时的技术无法同时解决一键式开瓶和密封问题，所以经常出现"漏酒"的情况。加上关键的一键式瓶盖在开瓶过程中断掉，导致不能开启等问题，弄得特约店和酒馆对"One CUP 大关"的评价非常差。

前面已经提到作为批发商的特约店以及销售链终端的酒零售店对"One CUP 大关"的态度如此冷淡，意味着无法让顾客体验到关键的"新鲜"感。

只要能让年轻人喝上酒的话，就能开启崭新的日本酒的世界——"怎么样啊？我们 One CUP 的销路？"大关公司的营销人员虽然心里焦虑万分，仍然马不停蹄奔走于市场。

始终保持一流品牌形象的大关

那么在"One CUP 大关"上市之前，市场对大关公司的印象是什么样的呢？

大关公司作为商品推出的只有"特级"酒、"一级"酒，而"二级"酒除了个别情况外，没有其他制作。像"滩、伏见"这样的名牌日本酒属于"特级""一级"酒，地方生产的当地酒属于"二级"酒。

当时日本酒市场实行日本酒级别制度，根据酒税法分为"特级"酒、"一级"酒和"二级"酒。这是在昭和十五年（1940年）为了对战时的米和酒进行管控，以及强化筹备军费所需的课税而采取的制度，一直到平成四年（1992年）才废除。在该制度中，"特级"是品质优良的酒，"一级"是品质良好的酒，"二级"是不符合"特级"和"一级"标准的酒，分别接受国税局酒类审议会的审查后流通到市场。而大关公司是生产"特级""一级"酒的公司，市场对大关的品牌印象无疑是顶级的。

有着这样的品牌形象的公司投入心血制作出来的"One CUP 大关"必然也是顶级的，大关公司对其口味和品质的要求无疑相当严苛。

然而，来自市场的"大关公司干吗卖和杯装酒一样的廉价酒呢？"的反馈着实让营销现场的人员抓狂。一位营销人员回忆道："正因为这样，我们特别想改变顾客对我们的印象，那就是我们大关公司不仅在One CUP 一个商品上，而是从更早之前开始的强烈的领先意识，也就是'魁精神'的旗帜下发展壮大的。在这一点上我们可以自信地说是同行中的佼佼者，不输给任何人。正因为是这样的大关做出来的'One CUP 大关'，我们有义务将它推向市场的最前沿。"

当初为"One CUP 大关"的开发所付出的劳力和成本，在当时的清酒业界是无法想象的。既然要做，不管是酒还是容器都用最高的技术和最好的材质，这一初衷始终没有动摇过。

正因为如此，营销人员说也能感受得到"One CUP 大关"发售当初顾客的批评声背后其实是消费者对产品的期待感和信赖感。因此，公司积极采纳营销现场真实的反馈内容，同时推进营销和开发，不断对商品进行改良。

"我们最不愿意把时间浪费在烦恼上，这个不行，就尝试其他方法。

经过无数次尝试和失败，总会有成功的一天。"与其抱头苦恼，不如早做尝试、早做判断，攥在手里更重要，大关公司素有这种可以说是文化的思维方式。

能使现场的职员形成共同的责任感和自信感，都是因为敢说"先做了再说"的领导层具备了强大的统率能力。

相反，现在的企业抱怨"从现场很难出创意""现场反应慢"，也许就是因为缺少这样胆大且强劲的领导层的缘故。

容器要做得像女演员的嘴唇一般

"One CUP 大关"的一键式瓶盖漏酒的问题，要求必须改良密封圈，而密封圈的尺寸改造精细到零点几这点证明它是一项需要耐心的工作。材料部门在商品发售后依然继续用各种材质进行着"瓶盖内面材质选定试验"。用于食物盘、杯面容器的发泡聚苯乙烯（PSP）和聚碳酸酯胶片（PC）的复合材料因为不会影响酒的质量，被用于瓶盖内面材料，缺点是起不到彻底的密封作用。但是，如果采用密封性能高的材料，由于材质过厚，瓶盖拧不紧，组合型材料在经过一段时间后会产生异味这些问题，总也找不到解决方法。

期间，根据制罐厂家提供的方案，用"铝板＋环氧树脂：变性乙烯树脂：蜡＋软性氯化乙烯树脂"作为内面材料进行了实验，结果发现对酒的品质没有影响，也没有侧漏，在冷暖不同环境下，6个月内容器中的酒只减少0.4克，于是决定取代原来的 PSP+PC 的材料，这样漏酒的问题总算得到了解决。

之后，为了使密封性能、开盖性能及树脂的气味等问题降到接近零的程度，改良工作依旧继续，昭和四十五年（1970年）将复合树脂用于瓶盖内面材料。

由于该材料具有弹性，抗压效果也好，可以长期保持良好的密封效果和酒的品质。

还有，在日本首次采用具备对减压密封性能和开盖灵活性的、具有划时代意义的"撕开式"（撕下、打开的意思）瓶盖，这种方式后来被广泛应用于葡萄酒醒酒器等宽口瓶上。

如此为改良付出的热忱来自何处呢？当然，如果是制作者，而且是与入口食品相关的制作厂家，对容器内的食品是不用说的，一定会同样重视对容器的改良。但是，最深层的理由并不仅是为了解决投诉问题，更是为了将从"One CUP 大关"开发当初就定下的、想创造"日本酒的新样式""日本酒的未来"的决心付诸行动。

如果不是这样，更好做的容器配上更简便的瓶盖的方法应该哪儿都能找得到。

例如当时已经十分普遍的拧开式瓶盖在保持酒的质量和密封性方面都没有问题。但是，当时包括十代长部文治郎在内的大关公司高层都不认可这种容易的解决方法。

"假设对着女演员八千草熏、山本富士子的嘴喝，想象一下那是什么感觉。我们要做唇接触感舒适的一键式开瓶的杯子。"十代长部文治郎激励员工们开发出能实现理想杯口的容器。

有位老员工回忆当时的情景："那时可真是严峻啊，丝毫没有退路。不过，回想起来，正因为有了我们的开发，制瓶厂、制罐厂，乃至瓶装业界才会变得有生机和活力。在这样的机缘下，通过大家的拼搏努力，诞生了新商品，而这些又推动了零售业的发展。想到这些，深感这真是个了不起的商品。"

印在中元节毛巾上的大关主义

为实现心中的目标，决不妥协。下面的故事很好地体现了大关公司这一企业理念。中元节的时候，大关公司会向客户赠送印有公司徽标的毛巾，而这个毛巾很受客户欢迎。

企业在中元节时赠送浴巾、擦手巾之类的是很常见的季节性问候方式。那么，为什么大关公司的毛巾会如此受欢迎呢？事实上，大关公司为了选定中元节赠送的毛巾多次进行测试，将各种各样的毛巾浸在开水或冷水里，晾干后搓洗，最后再晾干，等等。新毛巾初用时手感舒适，然而在反复使用和洗涤的过程中会变硬，摸起来也很粗糙。这样，精心准备的毛巾就失去了当初收到时的感觉。为了选出不管用多少次、洗多少次都保留舒适感的毛巾，自己先试用，做测试。

据说当时的营销人员了解这一情况后，十分认同，同时感叹"这个公司果然不一般"。

不过是促销用的毛巾，还考虑到手感舒适与否，大关公司如同对待自家商品一样讲究细节，严苛要求。

"这种事别的公司是怎么也做不到的。不要只看大关公司严苛的一面，我认为一条毛巾就足以说明一切。所以我们带去的毛巾受到客户的喜爱，说很感谢给我们这么好的毛巾。这不仅是发个中元节的毛巾而已。"

这就是大关公司所有的规矩和做派。这些毛巾向顾客传递的是企业的决心和承诺。

第三章

"库存都堆成山了！"

——我们卖的是快乐的方法，开拓日本酒的新世界

奔走全国的营销团队

东奔西走、孤军奋战

"这是什么票呀？是冈山吗？"

"没错，你到冈山跑一趟。参加'一同销售'，得多卖出去几个哟。"

四月，进公司没多久的营销人员接到的命令是参加名为"一同销售"的营销活动。所谓"一同销售"，是指到大关公司的特约店（批发店），和店主一起把商品装上卡车，一同到各零售酒馆推销，直接拿到订单的营销方式。

向特约店的负责人打招呼："我是个新人，请多关照。"对方答道："哎呀，大关也真不容易呀！"为什么说真不容易呢？新进营销人员带着疑惑跑到酒馆一看，不多说也明白是怎么回事了。

"这是怎么回事？放在那里的'One CUP 大关'每瓶的量居然都有所减少！"

这么吃惊也不足为怪。作为商品摆出来的"One CUP 大关"看上去有些异样。瓶身布满灰尘，每个酒瓶里的量都少了些。仔细一看，瓶盖周围竟长出了黑色的霉斑。

"难不成没喝完就丢在这里了？竟有这么蠢的做法？"特约店说的"不容易"指的就是这个情况。作为新商品，好不容易得到允许，可以摆在酒馆里，却因为一键式瓶盖结构上的问题，随着时间的流逝，瓶内的酒蒸发出去，还长了霉斑，就卖不出去了。

低声下气地收回卖不掉的商品，再摆上相同数量新的"One CUP 大关"。在现场不得不进行这种毫无辩解权的营销活动。

不过营销人员也知道公司正马不停蹄地想尽办法对一键式瓶盖进行改良，所以心想在这样的状况下一定要搞好和酒馆之间的关系，继续奔走在营销路上。

原本大关公司对市场的态度并不是现在有一百个就维持一百个算了。在竞争激烈的市场环境下，现有的一百个过了三年还是一百个的话，那等于是退步。

不能只想和前一年作比较，要看三年乃至五年后会增长多少，必须从这样的视角考虑，这就是大关公司的营销员们深刻在脑海里的社训。

大关公司的营销团队不管是在人数还是在严格程度上都胜过别的清酒公司。不能因为是日本酒的顶级品牌之一而大摆架子。相反，如大关的称呼一般，在营销方面也把目标定得更远。

在东京、大阪等城市，大关品牌的声誉很高，实际的市场占有率也很高。相反，在地区仍旧艰难，还需要努力和奋斗。

冷水一泼，变得更坚强

卖酒并不是完全自由的生意。因为不论是酿酒还是卖酒都需要获得国家颁发的执照。酿制日本酒，也就是清酒，需要有《酒类制造许可证》，规定一年的法定制造量也要达到60千升以上。除了结构改革特区生产的"浊酒"等以外，如果没有一个可以支撑连续制造一定数量以上酒的完善体制，就无法进行酿造。当然，在销售方面也需要有《酒类销售业许可证》。

除了这些规定外，酒销售现场存在很多困难。

比如全国知名品牌大关要想在地区开展营销活动，虽然不应受什么限制，但其实会面临严峻的挑战。因为如果从行政级别来说属于全国规模的大关进军地方市场，这与保护地区酒即当地酒的原则是相悖的。

实际上，昭和四十五年（1970年）持有清酒酒类等制造许可证的有3 533家，而到了平成二十四年（2012年）几乎减少了一半，为1 835家（国税厅资料）。

当时在店铺进行营销的场景

精心酿造的酒想在全国哪些地方卖是自由的，但其中有不欢迎它的地方，这也是事实。据说"One CUP大关"上市的时候，全日本的东部和西部对大关的态度截然不同。比如到西部的广岛等地区，当地的"白牡丹""贺茂鹤""千福"等都很厉害，不仅大关，"滩、伏见"等酒几乎无人理睬。

而打破这一局面的就是"One CUP大关"。

当时在广岛，因为当地的清酒厂家不生产"杯装酒"，于是抱着这样

应该不构成竞争，也就不会影响他家生意的想法，决定找几家特约店 ①
试着销售。

这期间大关公司采用了滚动式战略。营销人员每个月到自己分摊的
区域，手捧该区域酒零售店的名簿，一一进行访问营销。早上算好酒店
开门的时间上门。正当店主往地上洒水的时候，上前打招呼："早上好！
我是大关公司的。"不能妨碍人家洒水，所以营销人员躲到一边。店主看
了以后，也不说什么，这回把水洒向营销人员避开的方向。其实店主边
洒水边想"不用来我们店了"，表示了对营销人员的拒绝。

其实从酒零售店的角度来说，只要卖卖当地的酒就够了。如果购进
大关公司的酒，等于破坏与当地清酒厂之间多年的合作关系，可能这才
是店主内心真正的想法。

在这样的情况下，营销人员不厌其烦地说"哎呀，您别这么说，先
聊一下也可以吧"。一开始也不急着推销商品，只是三天两头往酒馆跑。
不管常理是什么样的，说起来酒馆主人大多是挨不过"义理人情"的人。
看人家笑眯眯的整天跑来见你，最后就同意放些酒在店里。

---

① 特约店体系，日本酒流通的雏形可以追溯到江户时代。从明治二十年（1887年）到大
正时期，作为新的酒类流通体系，普及了特约店制度。特约店制度是酿酒厂用自己定
的价格把商品卖给零售店的批发体系，每个区域都有具有实力的特约店。

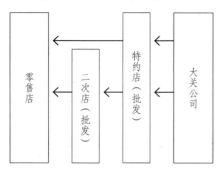

差不多同时，酒零售店也听闻名叫"One CUP 大关"的新杯装日本酒有不错的销路。既然这样，就收10瓶左右放在店里试试。

在未开拓的市场进行营销，让营销人员感慨万分，心想"哇，这回真的卖出去了"。

因为大城市的店主，态度是这样的："既然是标上大关牌子的新商品，先放在店里看看。"相反，在地区，店主是否允许把新商品摆在店里这些问题也要靠自己去解决。

虽然酒零售店是攻下来了，但不表示万事大吉。酒零售店有各自的批发商，还需要通过这些批发商批发"One CUP 大关"。

然而，从地区的零售店会听到和大关公司完全没有生意往来的批发商的名字。针对这种情况，营销人员又去拜访这家批发商，和他进行交涉："我们刚从这家零售店拿到 One CUP 的订单，能不能请你们做批发呢？"

而批发商也因为和大关公司没有业务关系而感到为难。于是营销人员说出之前和大关有生意往来的该地区特约店的名字，提出能否作为这家特约店的二号店进行批发。如果对方同意，再到这个有生意往来的特约店说明情况，并委托对方送10瓶"One CUP 大关"到零售店。而事实上送这么一点数量是比较难配送的。

最后以营销人员亲自送到零售店为条件，并开出发票。经过这样的艰苦努力，一家又一家地增加了愿意接受"One CUP 大关"的店铺。

推荐新的饮酒方式

容器的改良、东奔西走的营销团队……

为了扩大肩负日本酒未来的"One CUP 大关"的销售量，可以说大关公司什么都做过。但是怎么也找不到最关键的东西。怎样才能让更多的人喜欢上这个叫"One CUP 大关"的新日本酒？不管对商品有多大自信，也不管多努力做营销，仅靠这些是打不开市场的。于是新的方案应运而生，那就是不要只想着卖酒，应该向顾客提供这个叫"One CUP 大关"的新日本酒的饮用方法和享受方法。

"One CUP 大关"最大的特点是不需要传统的酒壶和酒杯，随时随地打开直接饮用的畅快感。不仅在茶室或酒馆，更可以在自己喜欢的地方品味"One CUP 大关"，沉浸在"此情此景，美酒在手"的画面中。

向顾客提供在画面里看到的那种快乐，这是当时没有一个清酒厂想到过的提案型营销。

提案型营销开展初期，营销团队想到了一个绝佳构思，那就是农协的大巴观光团。农协为了慰劳农民，在农闲期安排大巴送农民到温泉地、旅游景点等地方。

当时发售的"One CUP 大关"的海报

在大巴上，大家自然会拿出酒和下酒菜，开始"大巴宴会"。在行驶的车内抱着一升装酒瓶，把酒倒在纸杯里大家轮流喝。由于车体摇晃，酒洒出来是常有的事。而且抱着好几个大酒瓶去旅游是很累人的。

这时向大家推荐了"One CUP 大关"，结果大受好评。各自打开 One CUP 的盖子，可以一起干杯。如果没喝够，只要自己再打开 One CUP 就可以，想喝多少就喝多少。不需要领队辛苦为大家倒酒，"One CUP 大关"成为农协大巴观光团不可缺少的东西。

在这里说不定能找到和日本酒建立亲密关系的线索。想到这一点，大关公司制作了小册子，向人们宣传如何享用"One CUP 大关"。

钓鱼、滑雪、观看体育比赛、郊游等闲暇活动时带上，让快乐时光倍增。正好那时掀起了休闲娱乐热潮，很多人休假日出去享受闲暇时光，作为在户外可饮用的新日本酒，"One CUP 大关""整装待发"。

这是传统的一升装日本酒望尘莫及的让人们与日本酒亲近起来的方案。

举个例子，这是和为了随时随地听到自己喜欢的音乐而把音乐带出户外的"随身听"［昭和五十四年（1979年）发售］一样的创新，这个创新发生在日本酒领域。

开辟北部的新天地、北海道站内小卖店市场

——青函渡轮、函馆站

"哇，可真冷啊！"

"不愧是北海道，冻死人呢！"

乘坐青函渡轮踏上冬日北方大地的人们第一个感受就是和本州截然不同的寒冷。

改变日本酒历史的创新战略："One CUP 大关"的成功秘密

介绍各种饮用场景，宣传方便性和简易性

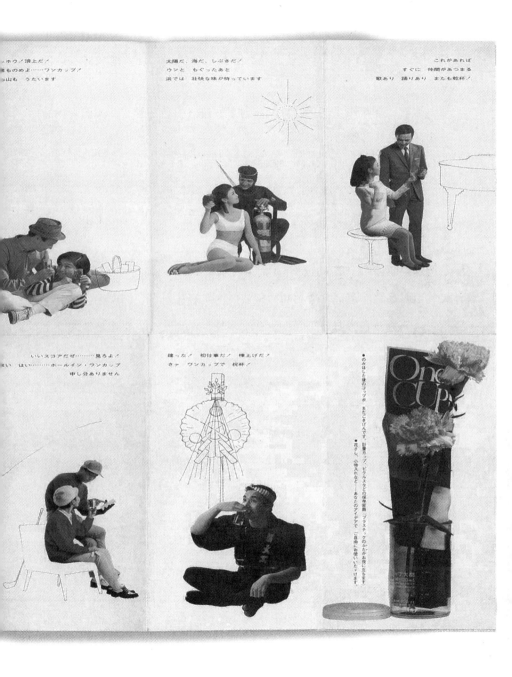

频繁往来的商人们总是默默地快步走向下一个目的地，初到北海道的年轻人口吐白气，搓着双手，不停发出对初到北方大地和对寒冷的感慨。

这时，在车站小卖店的灯光照射下，透过白色的雾气，人们看到看上去暖暖的杯装酒。

"嗨，我们买那个喝吧，暖暖身。"

"这个不错。不愧是北海道，把酒装在杯子里卖。"

于是人们看到背着大大的旅行背囊，一只手拿着"One CUP 大关"短暂休息的年轻人。

这是昭和四十年（1965年）时分，函馆车站的场景。

当时在北海道经常看到叫"蟹族"的年轻旅行者。像现在这样驾车或坐飞机旅行在当时的年轻人中并不多见，说到旅行主要还是坐火车比较多。

背着宽大的旅行背囊，经过车站检票口或狭窄的通道时，背囊容易卡住，所以得像螃蟹一样横着走才行，"蟹族"的称呼由此而来。

对这些年轻人来说，北海道是他们向往的地方。看到的一切都令他们感到新奇，其中包括在本州还不怎么看得到的、装在玻璃杯里的酒，而且是一键式开盖方式。打开可以直接喝的"One CUP 大关"对他们来说也是新鲜体验。

在车窗边放一瓶"One CUP 大关"，边欣赏窗外壮美的景色，边品尝酒的味道，这种体会是别样的。而且，改成聚乙烯瓶盖后，想怎么喝就怎么喝，旅行时带着别说多方便了。

还有，酒喝完后"One CUP 大关"的玻璃容器还可以在旅行地当杯子用或装东西，直接成小工具了。其他的旅行者或朋友看到觉得不错，自己也去买一个，不知什么时候，"北海道有方便酒出售"的评价就传开了。

发售初期，经营站内小卖店的北海道铁道弘济会以"试试看"的态度开始出售的"One CUP 大关"，因为太受欢迎，在北海道的站内小卖店成为固定商品。

看这情形，除了北海道，在全国其他的站内小卖店是不是也能卖得好呢？大关公司一想到这里，立刻带着北海道的销售数据，前往东京的铁道弘济会进行营销活动。

到了昭和四十年（1965年）左右，不仅北海道，其他地方坐火车旅行或享受休闲时光的人也很多。因此，"在北海道的站内小卖店卖得很好"的评价有很好的广告效果，对"One CUP 大关"在全国的站内小卖店普及起到重要的推动作用。

在这之前，也有人旅行途中在车内喝日本酒，但一般都是用瓶起子打开二合装小瓶酒，倒在瓶盖里喝。在摇晃的车上要把酒倒在小小的瓶盖里并不容易。这时，"One CUP 大关"登场了。也不需要瓶起子，可以就着柔软的宽口玻璃杯喝。这样的酒喝起来，想必有特殊的口感吧！

现在 ←————————————————————→ 初期

塑料瓶盖的变迁

提高了日本酒的销售额

以在全国站内小卖店的销售为契机，"One CUP 大关"逐渐成为日本酒市场的新面孔，被越来越多的人熟知。一度被说成"是不是该考虑停止销售"的商品销售额开始增多了。

为了让顾客在旅行时看到的"One CUP 大关"在自家附近也能买到，营销团队每天造访30多家酒零售店，开辟市场。与此同时，还继续努力采取措施来提高站内小卖店和零售店的销售额。考虑到店铺空间狭小，把原本60瓶装的包装数量改成30瓶。改成小包装是为了避免流通中的不便和酒瓶易碎的情况，后来发现这种小包装跟不上"One CUP 大关"日益增长的销售趋势，重新改回原来的60瓶装包装方式。

昭和四十二年（1967年）诞生了每小时可制造5 400瓶的"One CUP 大关"专用生产线，但依然供不应求，以至于在昭和四十六年（1971年）创造了每小时可生产3万瓶的专用生产线。

回头看当时日本酒市场整体的动向，可以说是"One CUP 大关"销售量的增长带动了日本酒整体销售量的增长。

这同时表示大关公司在用酒壶和酒杯喝一升装酒的老顾客的基础上，又开拓出"随时随地都能自由喝"的日本酒新顾客群。

京滨一带的某酒零售店还有过这样的事情，别家的酒没卖出去几瓶，唯有"One CUP 大关"眨眼工夫就卖光了。营销人员觉得诧异，就到这家零售店问老板，说是附近自行车赛场的观众们一窝蜂地买走了。因为"One CUP 大关"可以放在口袋里自由地喝。可见"One CUP 大关"还引领了一阵时尚潮流，好像没有喝"One CUP 大关"，就不算看了比赛似的，如此受顾客的青睐。

显然，像以前一样不管是日本酒还是别的什么酒，只要喝得醉就好的时代正面临转变。昭和四十五年（1970年）富士施乐公司的广告歌曲

《从猛烈到美丽》成为流行语。这也许说明"One CUP 大关"似乎早就预见了人们享受生活方式本身的时代即将来临，从而向消费者提供自由的日本酒饮用方式，并完美地被社会接纳。

当时发售的酒原本装在纸箱里。昭和四十四年（1969 年）采用套管，这便于店铺陈列商品，而且有防止破损、避免阳光直射等引起变质的效果。

酒类业界首个 One CUP 自动售货机

新酒装在新皮袋里——

在西方，自古以来酒的运输都用山羊皮袋。如果在旧皮袋里装入还在发酵的新酒，产生的二氧化碳会破坏皮袋，酒和皮袋都会受损。同样，若要接受新的构想并使其实现，接收方也要构筑新的体制、新的机制。"One CUP 大关"也如这句话所说，是作为展现全新的日本酒领域的商品而诞生，正需要摆脱传统销售方式的"新的皮袋"。

于是大关公司在昭和四十一年（1966年）开发出酒类业界首个"One CUP 大关"自动售货机。因为大型电器制造公司也没有制造过酒类自动售货机，大关公司用自己的方式和厂家一同进行了开发。昭和四十二年（1967年）在东京内的酒零售店门口设置了100台作为试用。当时人们还没有在自动售货机上买酒的习惯，但因为店铺休息日或关店时也能轻松买得到，所以销售额也开始逐渐提高了。

正好昭和四十三年（1968年），受酒税提高的影响，别的商品被迫涨价，唯独"One CUP 大关"保持原价，凭着仅100日元硬币就能买到的优势，瞬时 One CUP 自动售货机卖出的销售量剧增。甚至大关公司总销售额的一成是 One CUP 自动售货机挣来的。

"一枚硬币，一杯大关"成为口号，很多酒零售店纷纷在门口放起 One CUP 自动售货机来。尤其是在平民区发挥了压倒性的作用。有一家需求量较多的酒零售店因为来不及向自动售货机补充商品，于是开发并设置了特制的大型自动售货机。在最鼎盛期，单单这一家店的销售量（包括店铺内的销售量）就达到一年25万瓶、一天近500瓶的惊人数目。开发这样特制的大型自动售货机，为零售店销售额的提高作出贡献，这一切都是由营销团队主导进行的。

自动售货机的需求不仅在城市。从1960年代后半期到1970年代期间，在全国范围内推进了青函隧道、山阳新干线、本州四国联络桥等大型建设工程。这些工程的施工现场大多处于附近找不到商店的深山或边境地带，对在这里工作的工人来说，能够买得到一杯缓解一天疲劳的酒，可以想象自动售货机多受欢迎。

随着"One CUP 大关"出现在全国各地的大街小巷，就有了这样的现象——很多人开始把"One CUP 大关"的商品名省略，叫作"One CUP"。也就是说人们只要听到"One CUP"，都会联想到蓝色的商标。可见"One CUP 大关"对日本酒市场带来的影响有多大。

原本的"One CUP"只表示"One CUP 大关"，后来同是经营清酒制造厂的竞争对手开始出售杯装酒，也叫"One CUP"。该竞争对手之所以能效仿，是因为大关公司没有特意申请做瓶形和瓶盖创意图案的专利注册。

当然，竞争对手的出现是严峻的挑战，但率先进行改革的"One

CUP 大关"的优势是无人能超越的。相反，竞争对手的杯装日本酒的出现对大关公司追求的扩大"日本酒新的享受方式""日本酒的新粉丝"的目标起到了推波助澜的作用。

自动售货机宣传册

自动售货机销售指南

虽然如此，对营销人员来说不能容忍的是顾客在店铺叫"给我 One CUP"，发现拿出来的却是别家的。据说有的营销人员休息日到附近的酒零售店说"给我 One CUP 大关"，如果发现店主拿出来的是别家的杯装酒，就说："不是这个呀，我说的'One CUP'指的可是大关哟。"以此来给店主做启蒙教育。

记住"One CUP 大关"——"One CUP 写真"的贡献

说到 One CUP，就想起"One CUP 大关"。为了让顾客加深印象，大关公司不断研究战略并实行。

这是昭和四十八年（1973年）的事。第一次石油危机导致的混乱物价弄得社会上人心惶惶。企业也因为各种原料成本疯长，经营状况堪忧，大关公司自然也未幸免。

之前，"One CUP 大关"的商标是通过叫 ACL（Applied Ceramic Label）的陶瓷印刷技术直接在玻璃瓶上进行施釉印刷，但其成本由于受原油涨价的影响而提高。

陶瓷印刷技术一直用于牛奶瓶等商标印刷上，将含有陶瓷成分的墨水吹附于玻璃上，烧制而成，具有墨水和玻璃容器牢牢融为一体的特点。也就是说，在商标印刷过程中会消耗很多燃料。

但"One CUP 大关"一目了然、别具一格的蓝色商标经过千辛万苦终于成功地被印在玻璃瓶上。

原本"One CUP 大关"的玻璃瓶虽是宽口瓶，但比当时普通酒壶的 V 形的一合装（210克）瓶还要轻，只有145克。

因为要保证硬度的同时还要很轻，所以在牛奶瓶等印刷烧制温度达到650度左右的状态下，瓶子就会变形。烧制炉是长达100米的隧道状炉，烧制时间需要约90分钟，而且不能和其他瓶产品一起烧制，因此大关公司向其他专业公司委托制作"One CUP 大关"的专用印刷生产线。

但因为成本太高，决定改用纸质商标贴在瓶上的方法。其结果是，效率提高了，成本也降下来了，然而因为是纸质的，因此商标背面是白色的。如果按照以前的烧制印刷方式，从瓶子的背面可以看到"One CUP OZEKI"的蓝色商标随着酒的晃动一起摇曳的情景……

一位大关公司职员也想到同样的问题。绞尽脑汁设计出来的商标如果背面是白色的话实在太扫兴了。而且由于玻璃的折射效果，白色的面看上去很大。有什么办法可以弥补呢？

这时他脑海里闪过"在商标背面印上照片，供人们欣赏"的创意。

于是他将这个创意提到商品企划委员会后得到肯定，便下令立即开始执行。

用"日本的风景""日本的名城""日本的庙会""世界的女性""世界的交通工具""日本的车站"六个系列构成题为"One CUP 写真"的创意也受到顾客的欢迎。"下次会出什么样的照片呢？"这种期待对顾客来说是一个新的乐趣，"One CUP 大关"的粉丝群又多了起来。

这种"One CUP 写真"持续到现在，成为与顾客间悠长的纽带。

越到窘境，越要打破窘境，齐心协力、开动脑筋，想出起死回生的创意。而且不仅是摆脱困境而已，更是把困境当作机遇，使自己变得更强大。这也是让大关公司名声大振的事件之一吧。

商品背面的商标效果

实际的商标

日本的自然遗产·风景

有"One CUP"的风景

铁道系列

其他

"One CUP 大关"背面商标组图

当初以六个系列开始的"One CUP 照片"后来也不断增加了青函隧道开通等体现新时代的主题以及占卜等不同系列的内容。

世界的女性

世界的交通工具

海港

第四章

"不能停下脚步！"

——肩负热门商品的第二代的苦战

发售27年完成23亿瓶的销售

"说起 One CUP，就是大关"

"One CUP 大关"的销售量在昭和四十五年（1970年）达到32 300石，3 230万瓶，接近大关公司总销售额的14%。这也给竞争对手造成了压力，从次年的昭和四十六年（1971年）开始接二连三地出现类似产品，但这并没有影响大关公司销售量的增长。

宣传部次长（投稿时的职位）星岛章夫[①]在杂志《宣传会议》[昭和四十九年（1974年）七月号]的题为《打破清酒保守风格的"One CUP 大关"》的投稿文中写道："销售量的图表急速呈弧线状时陆续出现了后来的产品，但 One CUP 靠的正是独创性这一优势，因此原来的市场占有率没有出现大变化。"

不仅是市场占有率，销售量也大大增加。在昭和四十六年（1971年）大约是40 200石，第二年的昭和四十七年（1972年）超过了58 900石。

"独创性优势"是什么？关于这一点，企划调查室室长（投稿时的职位）和田昭三在给 *All Sales*[昭和五十八年（1983年）十二月号]的《"One CUP 大关"——改变清酒的印象、开辟年轻人的户外需求》的投稿文中写道："'One CUP 大关'的销路走上正轨的原因有几点。（中略）其中第三点是其他厂家参与进来后的几何效应。后面我们会提到大关公

---

① 星岛章夫（1931—　　），出生于冈山县。昭和二十八年（1953年）进公司。先后任宣传部次长、资材部部长兼董事，平成三年任常任监察长。

司也进行了电视广告等宣传，单靠一家公司投入的宣传预算，提高知名度还是有限的。同类产品增多了之后，当然会有竞争带来的负面效果，但其他公司参与进来后，激发了市场活力，对领头公司来说初期是有利的，这一点也不能否认。"

其他厂家参与进来后，领头公司获利的例子有不少。约5年之后的昭和六十二年（1987年），朝日 Super Dry 开始发售。看到销路不错，第二年的昭和六十三年（1988年）二月，其他三家竞争对手向市场投入干啤，即所谓"干啤大战"。结果昭和六十二年（1987年）还不到1 000万箱的 Super Dry 的上市量竟达到7 500万箱，竞争对手只好退出干啤市场。就是因为别家公司参与之后产生的广告效果，市场中的干啤认知度一下子提高了。

当然也存在"竞争带来的负面效果"。据说实际上有过这样的事情，顾客说要 One CUP，结果小卖店拿出的是别家公司的商品。

为了阻止其他厂家使用 One CUP 的名称，大关公司决定在商标注册方面加大力度。

其实在昭和三十九年（1964年）开始销售时，大关公司已经申请商标注册，申请的是"One CUP 大关"的徽标和"One CUP"的字体。昭和四十七年（1972年）相关部门认为"One CUP 大关"的徽标具有辨识度，同意注册。但是，说"One CUP"字体没有辨识度，也就是这个名词太一般，因此没有被认可。

大关公司可不会就此罢休，坚持认为 One CUP 符合《商标法》第三条第二项的条例，并附上关于辨识度能力的意见书和832封证明文件，再次提出了申请。

《商标法》第三条是判定"商标注册必要条件"的条款。该条款中提到"除以下商标之外，用于与申请人业务相关的商品或劳务的商标，均可申请商标注册"，第二项中规定"惯用于该商品或劳务的商标"，意思就是"'说起 One CUP，就是大关'已被社会所认识，请为我们保证这一认识不被其他公司盗用"。在前面提到的给 *All Sales* 的投稿文中和田解释了将"One CUP"这样极为普通的名词选为商标并申请注册的原委："我公司的初衷是想选定一个从名称能马上联想到商品形象的品牌名，因为如果太深奥，要把品牌名和商品联系起来需要时间和费用。"

结果说明这一想法是正确的。昭和五十四年（1979年）九月，"One CUP"作为持特殊命名权的商标实现注册，该命名权每年只有10件左右可获得。从此以后，竞争对手再也不能在没有大关公司许可的前提下随便给自家清酒起"One CUP"的名字了。后来大关公司将权利范围扩大到洋酒，现在持有"清酒、洋酒"的权利。

不过仅商标注册还不够。比如，"Cello tape（透明胶带）"是 Nichiban（米其邦）的注册商标，在文具店说"请给我透明胶带"，有的店主可能会老老实实拿出 Nichiban 的胶带，但很多店可能会同时拿出竞争对手的"透明胶带"。市场室宣传企划课科长（投稿时的职位）那谷吉彦在向昭和五十六年（1981年）十二月号的《头脑》杂志投的题为"'One CUP 大关'扩大了清酒的消费群和消费场所"的稿件中说道："最近又出现了一个新问题。消费者说自己明明说了'给我 One CUP'，拿到手后却发现是别家公司的类似商品……这虽然是难题，但不就是证明了我们起的名字是非常合适的吗？'One CUP'已经成为这类小型容器的代名词了。"

于是，大关公司为了让消费者加深对"说起 One CUP，就是大关"的印象，决定拍摄电视广告。因为如果人们加深了印象，看到小卖店店主拿出别家的商品，也会提醒店主说："不是这个，是'One CUP'。"

在《头脑》杂志的另一篇投稿文章中，那谷提到具体的应对策略："和电通舟木先生商量之后，定下了这样的广告语：'说起 One CUP——就是大关'，就像念经一样，重复这句话。

大家后来看到的就是大关车站的广告。大关车站的站台上放着硕大的 One CUP，电车就要进站了，小健扔掉瓶盖，从 One CUP 里出来。等一会儿电车，看到电车进站他就赶忙跳到站台大声喊。

小健（萩原健一）喊一声'说起 One CUP——'，站长接着喊'就是大关——就是大关——'

这是结合了 One CUP 和大关的颇具冲击感的广告中的一个场景。"

"大关车站"是福井县真实存在的一个站，当时归京福电铁所有，现在成为第三地区的越前铁路。据说这个电视广告的创意来自时任营业本部长的长部二郎，在全国各地忙于营销活动时，偶然发现有个站叫"大关"，于是想到了这样语义相通的广告词。

通过这些努力，大关公司不论是在法律还是宣传上均确立了消费者对"说起 One CUP，就是大关"的认知度。

通过广告宣传对"饮用方式"进行改革

十代长部文治郎构思"One CUP 大关"时的基本理念是"随时随地都能直接喝到瓶子里的酒""年轻人喜欢喝的商品"。产生这一构想的背景是昭和三十四年（1959年）啤酒年上市量超过清酒，次年的昭和三十五年（1960年）纳税额也领先于清酒。这使大关公司有了危机感，认为如果置之不理的话，将来日本酒的消费者都要被抢走了。另一方面，受"岩户景气"和昭和三十五年（1960年）内阁决议通过《国民所得倍增计划》的影响，整个社会的氛围变得活跃，迎来了休闲娱乐热潮。如果能开发出符合这一形势的日本酒，就可以消除此前的危机。

关于"One CUP 大关"开发前消费者对日本酒的看法，星岛在前述的给《宣传会议》的投稿文中如实地做了说明："清酒这种消费品是具有很多不确定因素的感官性商品。深究其商品特性的话，是具有'能醉'的明确性的同时，又极具人情味的'东西'。由于这一人本化的缘故，清酒作为从古代开始存在的国酒，尤其是在战后，在人们的印象中是缺刺激性的商品。

还有以下这些棘手的特性：

·在味道方面，消费者很难区分品牌的不同

·品牌很多

·盛衰周期很长，极端一点讲可以说没有

·已形成刻板形象，是过于日本化的商品

作为消费者，多数人以'清酒要有清酒的样子'为信条。（中略）'One CUP 大关'诞生的时候，新的消费争先恐后地登场（中略），清酒的特性超乎寻常地被意识到了。"

面对这样的形势，大关公司采取了以下方针政策："One CUP 的特点始终是杯装的清酒，功能是嘴可以直接对着商品喝。其便捷性自然地和旅行、钓鱼、聚会等联系在一起。另一方面是带给人们的印象，两大要素就是冷饮和杯装。这两点在人们心目中的既成印象是负面的，在刚发售时担心过会不会构成阻碍。但是除了便捷性，打破这一既成印象是我们重大的使命。"（摘自同一资料）

也就是说，需要打破对清酒的刻板印象的同时扩大新的消费群体。

虽然这一课题困难重重，但"One CUP 大关"有自己的优势。

在前面提到的给《头脑》杂志的投稿中那谷讲道："'One CUP 大关'作为商品的定位十分明确（中略）。不管是先上市还是后上市，定位不明确的商品注定从市场上淘汰。（中略）如前面所述，'One CUP 大关'的定位是适用于旅行等和老百姓的生活相关的各种场合，所以能够成为热销商品。"

既然定位定好了，接下来就要实行广告战略来让消费者关注商品的形象。例如在后来的平成六年（1994年）本田公司的奥德赛上市时，看准了当时的休闲车市场的空当，为了明确在市区兜风、家用车等方面的定位，启用了亚当斯一家拍摄一系列电视广告。大关公司实行的广告战略正是这样的"先驱理念"。

原本大关公司的广告是以电视广告为中心展开的，曾由作曲家津野阳二[①]先生边敲打着杯子边演奏广告歌曲的作品。另外，昭和四十八年（1973年）开始起用影星田宫二郎拍摄的广告，和大关的形象非常吻合，对增加大关公司的总销售量起到很大作用。老粉丝中现在还有很多人认为田宫二郎把油纸伞递给矶野洋子的场景是广告史上屈指可数的成功例子。

大关公司起用的"One CUP 大关"形象代言人是小健，即萩原健一，第一次出演"One CUP 大关"的广告是在昭和四十八年（1973年）。萩原健一在从前一年开始的刑警剧《向太阳怒吼！》中饰演"马克罗尼刑警"一角，获得很高的人气。从歌手向演员转型没多久，他酷酷的、充满野性的形象被年轻人奉为英雄。作为"One CUP 大关"的形象代言人，当时没有比他更适合的。这一年，"One CUP 大关"的销售量达到74 000石，7 400万瓶，占大关公司总销售量的23.5%。

起用萩原健一带来巨大成功，"One CUP 大关"的品牌名开始深入年

[①] 津野阳二，是为奥村巧克力提供作曲，此外还制作了包括《罗特制药》《ace cock 的馄饨》在内的广告歌曲而被人们熟知的作曲家。此番他担任了大关公司《你好！大关》的作曲。

轻人的心里。在前面提到的《头脑》杂志的投稿中那谷写道："为了强调'One CUP 大关'的形象、活力感、便利性，在广告拍摄上起用了小健。小健的广告制造了丰富的话题，广告的播放量虽然不多，但每个镜头都体现了丰富的个性，和一升装瓶的广告形成明显的对比，广告给人们留下很深的印象。尤其是昭和五十年（1975年）开始的旅行系列非常符合'One CUP 大关'的形象。"

这个系列的大部分镜头由拍摄电影《棒之哀》的导演神代辰巳执导，萩原是神代的粉丝，以至于主动提出请神代担任自己主演作品的导演，两人合作得非常默契。据说从绘制分镜头剧本开始，大关公司市场部成员及领导层、电通的广告设计人员一同经过反复研究讨论，认真且愉快地进行了一部又一部的创作。

广告歌曲也起用了当时人气很高的民谣歌手高石友也，通过轻快的班卓琴的旋律体现青春的活力感。这个系列以广告歌曲为背景，小健以函馆、室川温泉、俱知安、五岛列岛、云仙、山中湖等各个地区的风景为主题进行演绎，相当受当时年轻人的欢迎。前面提到的大关车站的广告也是旅行系列之一。

包括电视广告在内的大关公司的大众广告战略究竟是怎样一个模式？星岛在前述的《宣传会议》杂志的投稿内容中提到：反复播放同样的画面，提高与消费者之间的互动频率，体现平易近人的亲近感。

大众媒体：与发售时相比，虽然在量的方面有所变化，但媒体分配的基准没有改变。

电视节目：电视广告通常长度为30秒，本公司主要起用艺人。先后起用过越路吹雪、砂塚秀夫、田宫二郎、萩原健一。

广播：主要以夜间广播的形式，播放短曲为主。

周刊杂志：连续使用属于最小空间的"特刊"位置，格式也没有太多变化，以至于被媒体评价"One CUP 特刊"。

以全国的风景为主题的旅行系列即将结束时，"One CUP 大关"的发展周期从增长期进入成熟期。昭和五十年（1975年）开始的数年间，"One CUP 大关"的销售量处于9万石左右。为了树立新的形象，大关公司将拍摄地转移到海外，于是就有了澳大利亚的艾尔斯岩主题和关于羊的主题。之后也在罗马尝试了拍摄。

昭和五十五年（1980年）开始，以"冰镇 One CUP"为主题，有时在巨型冰箱内进行拍摄，还有小健进入冬眠等场景。

白眉应该是土佐犬篇里的。内容是小健边和属于斗犬的土佐斗犬横纲较量，边说广告词："横纲看上去厉害，却已接近终点。我买的话，就是大关"。

让我们回忆一下明治时期和大关公司关系密切、曾任东京新川中井酒店经理的高木藤七给"大关"起名时的一段插曲："我们也想过'横纲'这个名字，但是'横纲'意味着事业的顶点，也就是终点，所有的买卖都不能有终点，从今往后要一直保持增长态势，所以决定叫'大关'。"

"One CUP 大关"的海报

明治十七年（1884年）将品牌名"万两"改成"大关"历时100年，这一历程会在电视广告中重现。

那谷这样描述了广告制作的要点："广告所表达必须是有新的主题、具有话题性、令人愉悦，且必须向社会传达某种信息的内容。"

正因为始终保有这样的责任意识，"One CUP 大关"才会经久不衰。然而，长部二郎在平成四年（1992年）立下这样新的决议："从开始发售至今的27年时间里，作为销售量超过2亿多瓶的长销不衰的热门商品，现在的'One CUP 大关'也同样需要根据市场业态、顾客价值观的变化重新审视自己。多品种少量的时代虽然不会马上终结，但受其他因素的影响会逐渐改变前进的方向。预测未来的发展趋势，制定今后的应对方法尤为重要。'热销商品'持续保持销售热度的情况少有。热度消退的同时，企业陷入困境的例子比比皆是。让我们始终抱着问题意识，把握市场变化的趋势，不忘时刻准备迎接风险，坚持努力，拼出智慧，不断追求，保持谦逊，努力创造21世纪新的畅销产品。"

这无疑是大关公司的企业方针"魁精神"的又一次完美体现。

日本书法界代表人物望月美佐的作品

不断进取的 One CUP

从大关的 One CUP 到日本的 One CUP

可以说"One CUP 大关"是创新带来的具有划时代意义的商品，同时也为日本酒领域带来了新的变革。

换句话说，商品本身是具有"新的价值"的东西，而从这个商品又衍生出"新的日本酒文化"，这就是"One CUP 大关"带来的双重价值。那么，这独一无二的创新的本质究竟是什么？它是从哪里来的呢？

创新原本是从混沌状态产生的，并非像某种固定方程式那样，代入某个数值就会自动生成。其实通常是想规避的危机状态、之前通用的秩序走不通的状态、不满足已有的思维模式及成果的或在风险环境中迸发的才应该叫创新的本质吧！这一点和在国内外被称作"革新性"的技术产品诞生的背景是相同的。

然而，在这里出现一个疑问。"One CUP 大关"之前由于深入到人们的日常事务中，因此其革新性的意义并没有受到太多人的关注，但不管怎样，它依然是打破了传统日本酒的固有模式并取得成功的创新案例。

那么，创造出"One CUP 大关"的大关公司是不是一个创业没多久的投机公司呢？当然不是，它是一家在当时算起来也有超过250年历史的老字号酿酒公司。

更何况，在酒类市场中日本酒的占有率比现在还多，公司的经营状况也谈不上岌岌可危的时候"One CUP 大关"就已经诞生了。

既然如此，大关公司为什么用像风险投资一样的思维方式和做法实现了"One CUP 大关"的创新呢？

都说越是成功经验丰富、历史悠久的企业，要想在原有基础上不断进行产品改良、创新越难。不管什么样的企业，在创新初期都是与风险同行。谁都不能预测是否会顺利。即便如此，如果企业向市场提供既有的技术、产品、服务中所没有的新的价值，那么这个企业就能获得市场新的份额。

然而，在进入市场获得一定的市场规模之后，还要能够维持下去。因为公司为扩大市场占有率而投入生产设备、人员物资等，就需要维持这些投入的销售量和利润。维持市场规模的稳定局面所需的，与其说是创新的要素，更重要的是对既有的东西进行改良和改进，使其更具稳定性，更有效地利用，从而将利益最大化。在稳定状态下的创新因素反而容易成为破坏原有稳定性的要因。

在某种意义上，这对企业来说是进退两难的局面。因为若要获得新的市场，创新必不可少，然而，作为企业，为了经营上的稳定性，尽最大可能地排除风险也是必要的。

大关公司是如何协调这两个矛盾的因素，创造出"One CUP 大关"，之后又继续保持增长态势的呢？

答案就在大关公司的远大"志向"中。

大关公司早在昭和三十年代日本酒在社会上的行情还不错的时候就已经意识到"危机感"。他们认为单靠对传统日本酒的改良或改进是不够的，如果不进行质的改变，不仅大关公司没有未来，连日本酒本身的前景也是岌岌可危的。

"One CUP 大关"被开发出来时，大关公司在东京、大阪等城市确立了日本酒的知名品牌，然而随着人们生活方式的变化，酒类市场中对啤酒、威士忌等的需求迅速增加。啤酒厂家、洋酒厂家通过同样快速普及起来的电视等媒体，在全国范围内进行促销活动，从一开始就计划把自己打造成全国知名品牌。而且，啤酒厂家、洋酒厂家的促销战略大都响应小家庭化、重视个人生活方式等时代变化，受到将成为国家栋梁的年轻人的欢迎。即便在这样的背景下，很多日本酒品牌依旧把重点放在坚守"当地"品牌和传统上。结果以年长者为中心的老一辈日本酒爱好者和下一代之间出现了断层。照此下去，不仅是大关自己，连日本酒本身也会从日本人的饮酒方式中被排挤掉的。

大关公司抱着强烈的危机意识，认为日本酒领域也需要顺应时代变化的新的商品策略。

换句话说，"One CUP 大关"这样一个具有变革意义的商品没有停留在对传统日本酒的改良和改进上，甚至跨出作为大关的战略这样的范畴，是为了进一步探究"日本酒的未来应该在哪里"而进行了革新。也就是说，所谓创新主要看经营者自身是否带着某种使命感。如果大关公司只考虑维持自家公司的市场规模，想必"One CUP 大关"这样的创新是不会产生的。

其实在"One CUP 大关"的销售初期，别说销售量和利润，甚至还有如酒从容器漏出等诸多问题引来的投诉，这些甚至都拉低了大关公司的品牌价值。即使在这样的状况下，大关公司之所以没有停止前进的步伐，都是因为大关深知创造日本酒的未来也是自己的使命。

与特约店一起思考日本酒的未来

不输给新兴的啤酒和威士忌，开拓日本酒崭新的世界，创造日本酒的新爱好者。

这样的使命感同样体现在大关公司的营销人员身上。不管经营层有多远大的志向，如果将其具体化的职员们不把志向投入日常的营销活动中去实现的话，再远大的志向也不过是纸上谈兵而已。

营销团队的成员们和肩负新日本酒未来的"One CUP 大关"一起奔向日本全国各地。

他们难以攻破的，不是对新事物有敏感嗅觉的城市，而是那些传统日本酒的模式根深蒂固的地区。

比如盛产大米的新潟县等地一直由当地有实力的清酒厂家垄断。他们还和酿酒试验所统一口径，说当地酒口感好、滑爽之类的来维护口碑。

在这样的地区，大关的名声虽响，可是滩清酒厂的一升装酒引不起人们多大兴趣。要打入地区市场，区域特约店的力量是必不可少的。

因此，大关公司的营销人员十分重视特约店加强自身的营销灵感。他们认为为了赢得日本酒的新顾客群，特约店不仅要发挥批发商的功能，还应该向酒零售店积极提倡"日本酒的新方式"。

"One CUP 大关"不是用各样的营销方法推销的商品，而是创造顺应新时代生活方式的商品。换句话说，根据特约店对零售店提议的不同的营销战略，能够吸引以前对日本酒毫无兴趣的新顾客群。

为了实现这个目标，大关公司的营销人员甚至得考虑特约店应该做什么，并进行了热烈的讨论研究。

一次，在长野县的一家特约店，包括大关公司营销人员在内的销售会议开到晚上12点，会议上探讨了有关日本酒市场的现状、酒类销售业界的话题，以及大关公司和特约店为今后构建日本酒的未来能合力完成的事情等。据说特约店的分店店长看到他们认真的工作态度深受感动，特意打电话到总公司。

如果这只是强调"请多卖点我们大关的产品"的会议，可能也不会一直陪他们开会到半夜。

而且能够谈得如此细致深入，也可以说明大关公司的营销人员所说的内容多么有感染力，让特约店经销商都愿意倾听。

某位资深营销人员说道："给晚辈们做指导的时候，我们经常强调跟客户不能聊今天天气不错、下雨了之类的话，而是应该做到让客户带着期待的心情想：'大关公司的营销人员来的话，会给我们讲什么呢？'我们要达到这种程度。"

为了达到这样的程度，营销人员本人要多做功课，这已经变成再自然不过的事情。大关公司已经形成了这样的"大关主义"。

高层身上体现的"大关主义"

采取行动的不只有公司的员工，高层们率先做出榜样也是大关公司的一大特点。

据说十代长部文治郎也是每次去东京出差时，几乎一次不落地拜访决定接受大关公司酒的餐馆店，并非形式上的打招呼，而是会在店里用餐，亲自到切生鱼片的烹饪间，郑重地向店员们表达谢意。

因为是烹饪间，所以地面是湿的，裤角会不会脏之类的根本不放在心上，十代说"我得去打招呼"，然后走进去。这样的情景职员们不知道看到过多少次。通过这件事，员工们知道了不能嘴上说说而已，这就是做买卖的人的"心"。

这样的态度同样体现在"One CUP 大关"的营销上。熟知当时情况的职员们说，正因为是日本酒迫于啤酒和威士忌的压力，面临灰暗的未来时被创造出来的具有革新意义的产品，不能只是卖出商品，而应该从"大关之心"的角度考虑问题。

对自己酿造的酒的品质和进取精神充满自信，但是因为有这样的自信，所以心想"应该卖得不错"是可笑的。

在餐饮店、酒零售店等地方直接和顾客接触的人们，职员们也知道要对这些人心存感激，因为"多亏了他们才卖得出去"，如果忘了这一点，大关的价值只会减半。

清酒酿造厂家——大关不仅是一家酿造并售卖日本酒的公司，而是从日本酒的理想状态、享受方式以及有关日本酒的供应链的应有状态到经营日本酒的人们的状态，它对所有环节带着"疑问"提出问题的同时，也在寻找解决问题的办法。

"One CUP 大关"体现了大关公司的极致。正因为如此，才能保有"说起 One CUP，就是大关"超越了单纯的商品范畴的存在价值。

从这个意义来讲，"One CUP 大关"是件像镜子一样的商品。将"日本酒"照在"One CUP 大关"这面镜子上，面向市场时，才能看出自己看不到的全部景象。

自己是否有吸引周围人的魅力？当下是不是受到人们的关注？从设计性到本质性的价值以及商品本身的应有状态，全都拿来用"One CUP 大关"作为参照物后，作为"问题"被反映出来。

灯塔建立 200 周年时十一代长部文治郎的照片

大关总公司工厂

进一步说，知道自己去照镜子，也表示有了更高的目标。如果满足于维持现状的话，也不用考虑自己处于什么样的状态，人们是怎样评价自己的。

正因为有不断进取的"志向"，才让自己站在镜子前，努力使自己有新的改变。从高层到一线职员都一直保持着这样的"大关主义"。

下面有个插曲可以证明这一点。那是"One CUP 大关"成为现在的杯装清酒的顶级品牌之后，社会开始关注环境问题时的事情。为了杯子的再利用，公司讨论将"One CUP 大关"的杯子作为标准进行规格化。

据说听到这一消息后，十一代十分肯定地说："这个主意不错，对日本酒界也会有好处。"虽然最终规格化的目标没有实现，但这无疑是十一代的远大志向的又一体现。

"盒装酒"体现的前进战略

现在，在超市的清酒柜台、便利店等地方最显眼的是装在纸盒里的日本酒。

这种日本酒包装现在随处可见，其实将1.8升装日本酒装入纸盒的做法是大关公司的首创。

"One CUP 大关"用宽口玻璃瓶随时随地都能轻松饮用，实现了伟大的创新，但所谓的"一升装瓶"的瓶装酒还没有明显的改进。

除了杯装的以外，"说到日本酒就是一升装酒"这个观念依然深入人心。昭和五十一年（1976年）九月在关东地区（高岛平工业区）和关西地区（长冈京市等）限量出售盒装酒之后，从昭和五十四年（1979年）开始在全国范围内发售。"说起酒，就是大关的盒装酒"的广告语吸引了众多消费者。

这个1.8升纸盒装日本酒的商品企划被构思出来是在昭和五十年（1975年）。当时，听到别家清酒公司也有相同的构想，大关公司认为不能输掉"魁精神"，于是火速进行了商品制作。

然而，一升装瓶能够长期被使用是因为它有自己的优点，那就是在保持酒的质量上稳定性强。把酒装入纸盒容器的话，由于酒精的渗透性强，会出现纸盒留下异味、漏酒等问题。

为了解决这一难题，大关公司和大型印刷公司合作，共同开发在纸盒的内面贴上聚乙烯、铝等薄膜的复合型结构，即清酒用"盒中袋"①。

由此，在日本首次发售1.8升纸盒装日本酒"大关盒装酒"，取代了一升装瓶，实现了具有划时代意义的创新。这个"盒中袋"式1.8升纸盒装日本酒不仅是容器的创新，给市场及流通方面也带来了新的价值。

首先，比起一升装瓶，"轻便"就是一大优点。"大关盒装酒"的重量为1.92公斤（发售时），是一升装瓶的（重量为2.85公斤）67%左右。这是女性可一只手轻松托起倒酒的重量。而且运输的效率也显著提高。石油危机后，在越发高涨的节能、经济效率化、物流合理化的呼声中，"大关盒装酒"实现了传统的一升装瓶难以解决的货物运输用货盘的"一贯托盘化"（货物从出货到物流、保管均装在同一个货盘进行装载，不用重装）。而且，拿同一个货盘比较的话，可以装载一升装瓶两倍以上的数量。用单件的空间占有体积作比较，原本一升装瓶占的45 281立方厘米，惊人地减少到2 166立方厘米，所占空间明显减少。

---

① "盒中袋"方式，即在纸盒的最里层贴上聚乙烯薄膜，提高防水性和防止异物混入功能的包装方式。

相比之下，拿一升装的运输来说，体积的一半以上都是运输"空气"，因此可以说降低了运输成本，缩小了在仓库、店铺内的摆放空间，提高了效率，一口气解决了很多问题。

除此之外，和一升装瓶不同，盒装不必担心碎裂问题。因为遮光性能强，能保持酒质的稳定性，也可以放在家里冰箱内盒中保存。从人体工学的角度考虑，尺寸也定在女性能用一只手拿得起来的范围内。这些多方面的优点得到消费者的肯定，"大关盒装酒"在昭和五十二年（1977年）的包装展示会上被授予通产大臣奖（现在的经济产业大臣奖）。从生产厂家到批发商、零售店、家庭的各个环节中，作为质量保证、节能、功能性等综合评价优良的包装受到褒奖。

如果说"One CUP 大关"是以男性顾客为主要购买群体的酒，"大关盒装酒"则是以主妇等女性为主要购买者，这一点也可以说是传统的日本酒不曾有过的创新。

同时，这种购买行为的变化领先于——从派送一升装瓶为主，变成顾客亲自在超市等零售店选购的形式。

和"One CUP 大关"相比，"大关盒装酒"的创新虽然没有那么引人瞩目，但从它的身上也能看到大关公司坚定的前进战略。

从"把日本酒从一升装瓶解放出来"的构想诞生的"大关盒装酒"，在昭和五十二年（1977年）的包装展上获得"通产大臣奖"。

成为顶级品牌并保持其地位的原因

将创新提升到商品的新战略

从上市开始经过了50年的今天依然在杯装酒的销售量上独占鳌头，"One CUP 大关"是怎么做到的呢？无数的热销商品瞬间被时代消费完、消失在人们视野中的时候，"One CUP 大关"能经久不衰的理由究竟是什么呢？

本书在序章中作了这样的预测："伟大的创新会得到伟大的市场支撑，它将扎根于日本的饮食文化中。"

为了证明这一说法，从第一章到第四章，对大关这样一个酿酒企业的历史以及贯穿始终的 DNA、围绕"One CUP 大关"开发发生的各种轶事、"One CUP 大关"开发后的市场活动和营销活动做了详尽的介绍，没想到这也是对开头的问题——为什么"One CUP 大关"能够持续走在前列——的回答。

大家读到这里应该知道"One CUP 大关"这样伟大的创新以及成功绝不是偶然或者靠运气得来的。

大关公司在发售"One CUP 大关"的30多年前，也就是"二战"前的昭和七年（1932年）发售了名为"COLD 大关"的冷饮酒。日本酒的习惯喝法还是停留在加热以后用酒壶喝的年代，这是一个具有划时代意义的商品。

酿造不太甜、不太辣、味道佳、喝不腻的日本酒的宗旨不变，轻松打破了"加热后喝""装在一升瓶里卖"的固定观念。大关公司从创业之初就是具有这种进取精神的企业。

正因为在发展过程中始终秉承这一精神，大关公司才能为市场创造出"One CUP 大关"这一具有创新意义的产品。

然而，市场的反响并不理想。据说发售初期的销售量和评价都惨不忍睹。正是前所未有的全新的市场战略和营销战略，帮助公司摆脱这样的困境，将这一创新转换成长期保持顶级声望的热销商品。

前面提到的"COLD 大关"也一样，如果只是卖冷饮酒的话，必定不会获得新的市场和新的顾客。

加上英文字母的命名法、带有海外风格的酒瓶设计，以及在零售店设置"COLD 大关"专用冰箱等，这些在当时看来不同寻常的战略，成功引起了人们的关注。

围绕"One CUP 大关"推进的新战略同样是这种不拘泥于既成观念、富有进取精神的大关公司的 DNA 创作出来的，这一点毋庸置疑。

关于采取了什么样的战略，这些详细情况，请大家看第一章到第四章的介绍，在这里只对值得关注的部分做简单的回顾。

首先令我们刮目相看的是大关公司的电视广告战略。说到日本酒的电视广告，有将黄樱的河童设定为主人公的电视广告等。大关公司不只推出单一的形象，而是起用符合商品形象的形象代言人拍电视广告，这在当时的日本是从没有过的广告宣传方式。

拍摄体现大关公司品牌形象的电视广告起用的是电影演员田宫二郎，在广告播放的同一年，由小健，即萩原健一出演的"One CUP 大关"广告也开始播放。

当时萩原健一在《向太阳怒吼！》中因饰演"马克罗尼刑警"一角而人气飙升，被年轻人奉为偶像。这个营销战略取得了完美成功，"One CUP 大关"的品牌名深入年轻人的心中。

　　此外，营销团队的各种营销活动也充满了进取精神。大关公司在明治时期之前，就开始着手于市场开发，进入明治时代以后，在八代长部文治郎、九代长部文治郎的积极努力下，一直进行着对东京商圈的开发等。

　　在经过这些过程开发出来的市场的基础上，大关公司展开了营销活动。值得我们关注的是，他们的营销活动是通过在当时日本极为罕见的形式——组织营销的形式进行的。

　　日本传统的营销模式大多是属人型方式，所谓属人型是根据营销人员个人的经验、方法及人脉形成的营销模式。这种模式的缺点是由于营销人员个人包揽了客户资源，如果该营销人员退休什么的，就会失去和顾客建立的关系、活动信息等。

　　现在还有很多企业依赖属人型营销模式，当时这样的倾向比现在还要多。酿酒公司也不例外，大多数企业采取的营销方式是这样的：将营销人员分组，如"这家批发商和零售店由某某负责"，在营销团队及公司内部不共享顾客的信息。

　　在这样的状况下，大关公司进行的是有组织的、全国性的营销活动。营销人员详细记录自己负责区域的商情、顾客的要求、促销效果等，每天将各个据点的报告收集起来，用航空寄件的形式送到总公司，以此实现信息共享。

　　而且，"One CUP 大关"在各个地区的营销活动上花费的精力是大关公司前所未有的。因为这些地区的市场大都被当地的酒占领，地区以外的酿酒厂家很难打进去。

　　但是当地的酒窖不生产杯装酒，所以应该不会存在竞争，于是有几家特约店答应接受"One CUP 大关"。

　　大关公司看准这一点，通过有组织的滚轴式作战方式，一步步打入当地市场。这对全国范围内酒的流通是一场变革，从这一点来说，大关公司理应得到嘉奖。

坚持改革，继续走在前列

这里还有一件事可以证明大关公司是充满进取精神的企业。大关公司在日本开始有电视广播仅4年后就在电视上开始播放广告，这应该是大关公司早已预测了电视会在今后日本人的生活中起到十分重要的作用，从而做出的判断。从这一点上也能看出大关公司高瞻远瞩的特点。

正因为有着这样进取精神的企业，才能创造出像"One CUP 大关"这样的商品。而且，在市场及营销方面也灵活地采用过去没有的各种战略，"One CUP 大关"能够走在前列，既不是偶然也不是运气，而是必然的结果。

那么，让我们看看在序章中做的假设正确与否。

"One CUP 大关"是大关公司这样具有进取精神的企业创造出的伟大创新这一点是毫无疑问的。就像在"COLD 大关"的开发上清楚体现的那样，正是为不断开拓新的饮用方式、新的市场及新的顾客，扩大年轻消费群而努力的态度创造出了"One CUP 大关"这样具有变革意义的商品。

像序章中所提到的那样，1968年发售的世界首个公开销售软包装食品——大塚食品的梦咖喱、1969年发售的世界首个罐装咖啡 UCC 上岛咖啡的 UCC 咖啡、1971年发售的世界首个杯面即日清食品的杯面等，之后接二连三地出现了食品、饮料界的创新。

现在，"One CUP 大关"已深入到日本人的饮食生活中。不是作为一时性的热销商品，而是一种"不管在户外还是任何地方都能轻松携带、享受的"饮食文化。我们在序章中所做的"伟大的创新会得到伟大的市场支撑，它将扎根于日本的饮食文化中"的假设可以说是正确的。

变成文化的一部分、扎根于生活的东西，是不会轻易消失的。正因为如此，"One CUP 大关"从发售至今过了50年，依然保持着绝对优势。但是文化会随着时代的变化发生改变。例如"啤酒"这个文化即便不消失，顾客喜欢的口味、要求也会不断发生变化。"One CUP 大关"也一样，如果害怕改变而停滞不前的话，早被仿效他们的杯装酒厂家赶上了。正因为是顶级品牌，也正因为是创造了一种文化，"One CUP 大关"必须在"魁精神"的引领下不断进行创新。

UCC 咖啡（加奶）
UCC 上岛咖啡昭和四十四年
（1969 年）开发、发售的世界
首个罐装咖啡。

昭和四十三年（1968 年）世界首个公开出售
的软包装食品——梦咖喱
※ 现在只限于冲绳销售

第五章

不断传承的创新

——从 One CUP 50周年到新的提案

挑战新口感

传承 One CUP 的 DNA，走向新的未来

平成二十六年（2014年）十月十日，"One CUP 大关"迎来了发售50周年纪念日。"One CUP 大关"在日本酒领域实现了"随时随地都能直接饮用"的创新，改变了有日本酒相伴的生活方式、日本酒融入的场景，在迎来50周年的今天，等待出现一个新的创新。

探究其背景，"One CUP 大关"的顾客的年龄在增长。曾经热衷小健也就是萩原健一的"One CUP 大关"电视广告的一代人现今也都上了年纪。

而且，下一代逐渐远离日本酒，同时在杯装酒市场，低价型商品开始占上风。也就是说，杯装酒很有可能被单纯地定型为低廉的日本酒。

当然，大关公司也并没有坐以待毙。公司不断将限量产品包含在内的各种类型的"One CUP 大关"推向市场，还是需要再创造全新的客户。从这一构想出发，开始着手"One CUP 大关"50周年纪念商品的开发。

关于开发，公司考虑的是重新定义"One CUP 大关"的 DNA。

装在宽口玻璃杯状容器中的日本酒，象征 One CUP 不褪色的蓝色商标以及 One CUP 的商品名。将"One CUP 大关"的 DNA 作为品牌资产，发挥其品牌作用的同时，是否可以创造全新的、极具吸引力的商品呢？

经过反复讨论之后，决定继续保留"One CUP 大关"的 DNA 之精髓——容器和 One CUP 的名称，在酒的品质和设计方面摆脱原来的"One

CUP 大关"的状态，做出新的改变。

"One CUP 真的是好商品"这句话是大关公司职员心中共同的评价。在顾客对日本酒印象的调查中也可以看到"One CUP 大关"带给人们坚定的信赖感和安定感、良好的口感及顺滑感。

然而，前面也提到过，"One CUP 大关"的老粉丝们年龄逐渐增大，新粉丝也没有变多。对于那些从没喝过"One CUP 大关"、选项里没有大关的年龄层，如何告诉他们 One CUP 的价值和魅力呢？

菅野洋一朗·调查分析
（综合研究所　产品技术开发组）

右原由纪子·酒质开发
（综合研究所　产品技术开发组）

中西克之·商品企划
（营销部开发企划组）

只要有大关公司积累的技术和产品制作开发能力、基于"魁精神"的创造力就能做出好产品，这一点是毋庸置疑的。但是在现今的市场环境下，即便做出再好的产品，如果不协调好和价格之间的平衡，只能成为一时的话题，走不到最后。

在面对这些问题的过程中，50周年纪念商品开发团队注意到了一个信息。

顾客真的认为现在的日本酒好喝吗

"用牛奶瓶喝的牛奶为什么好喝？"

关于人们通常所说的"用牛奶瓶喝的牛奶是好喝的"现象，金泽工业大学感动设计工学研究所和乳业制造厂家明治食品开发研究所的研究团队合作，根据客观数据，作出科学性的阐释。

该研究成果在平成二十三年（2011年）被日本官能评价学会选为优秀研究发表奖，研究的关注点是"喝牛奶时闻到的香味"和"从牛奶瓶感受到的触感"，通过味道传感器和温度记录器进行了测试。

据说通过味道传感器测试的数据证实了牛奶瓶的容器形状会加强牛奶的香味，首次从科学的角度验证了这和官能评价中浓厚香味的产生有关。温度记录器进行的面部温度解析中，记录到的客观数据证明了根据牛奶瓶的材料和瓶口的不同，饮用牛奶时的嘴唇表面温度会发生变化，而这会带来舒适的凉爽感。

这项研究能否给同样是宽口瓶的 One CUP 的商品开发带来某些启发呢？

想到这些，大关公司联系到了金泽工业大学感动设计工学研究所所长神宫英夫教授，同时这也意味着50周年纪念商品开始酝酿了。

神宫教授从心理学的角度研究人和产品的关系，是感性工学应用试验心理学专家。

大关公司的目的是通过嗜好调查数据对高频用户一直以来从"One CUP 大关"身上感受到的"One CUP 独有的好口感""安心感"这些因素进行科学性阐明，由此弄清新商品的酒质创造应该以什么为基准。

原来的主题是如何创造面向比"One CUP 大关"的高频用户还要年轻的30、40多岁年龄层的 One CUP，在考虑委托神宫教授阐明的过程中，开发团队想到了一个问题。

现在的酒精类饮料不管是啤酒还是所谓的烧酒兑苏打水饮料，大多度数比较低。烧酒等的酒精含量也有25度左右，但直接喝下去的人是极少的。用各种方式兑完喝的话，酒精含量会少很多。实际上，只有日本酒是在平均14度左右的状态下直接喝的，这在现有酒精类饮料中算是度数高的。顾客对日本酒的印象究竟是怎么样的呢？开发团队首先想到的是寻找这些问题的答案。

神宫英夫（1952—　　）
金泽工业大学信息尖端系心理信息专业教授、感动设计工学研究所所长。文学博士。出生于石川县。专业是感性工学、应用实验心理学。1988 年，就任明星大学人文学部心理教育专业心理学专修教授。2000 年，任金泽工业大学人类系生活环境设计中心教授，2007 年起任现职。通过心理学，参与企业的产品开发。

吸引第二代客户到 One CUP 来

酿造日本酒的一方对酒的品质和味道必定是充满自信的。然而，以30、40多岁年龄层为核心的第二代日本酒顾客是不是认可现在的"One CUP 大关"呢？

关于第二代的日本酒顾客的嗜好，如果有科学的、客观的数据，将为50周年纪念商品的酒质提升提供很好的参考线索。为了探索这一线索，大关综合研究所的研究人员和神宫教授决定共同进行"日本酒官能评价试验"的问卷调查设计。

关于评价项目的内容表达方式，比如如果是日本酒的高频用户的话，采用日本酒的度数表达词汇中的"甘甜""辛辣"等，顾客在一定程度上也应该能理解。但是，这次的调查对象是年轻人，估计问卷上的这些"专用词汇"，他们很难答出来。

于是，首先作为预备调查的一项，让10位20多岁的学生们喝"One CUP 大关"，之后用自由叙述的方式讲述喝完后的感受及印象。

接下来从学生们给出的评价中选出一些表达方式，心想如果20多岁的顾客能理解的表达方式，40多岁的顾客也应该能理解，于是设定了"时尚的""味道浓醇""想一口气喝完"等评价内容项目。

样本方面，在"上撰 One CUP 大关"的基础上，制作了变更酒精度、甘辛程度（日本酒度数的增与减）的四种类型的样品。这些样本由制作部等有良好官能评价水准的公司内部小组的品酒结果讨论味道，从标注甘辛程度、酒精度数的高低等众多样品中设定出范围。

接下来，请以30多岁顾客为中心的20多岁与40多岁年龄层的顾客品尝这四种样品的酒，并请他们回答18道问题。而对酒精度数和日本酒度（甘辛程度）高低的反馈是"恰到好处的味道"，从而发现了新的重要评价项目。也就是说，对传统的日本酒应有的味道和酒香的描述是"酒精度数高、辛辣"，但在这次针对年轻顾客群进行评价试验后得到的反馈中，以前没怎么设想过的"酒精度数低、味甘"的描述同样是"恰到好处的味道"，因此和"酒精度数高、辛辣"的特点具有相同的评价意义。

分析评价试验的数据所采用的是"主成分分析"和"图表样本化"分析方式。

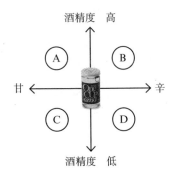

图表样本化
在各种事项复杂地相互关联的问题中，推测未被观测到的信息的方法论。通过画出各种概率变数的依存关系并将其样本化，来推出相互间的因果关系。
制作出变更酒精度数、甘辛程度（日本酒度数的增与减）的四种样本。

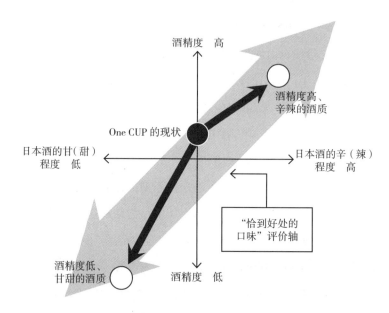

酒精度低、甘甜的酒质

官能评价	味道滑爽、甘甜
主成分分析	和其他样本不同的值
图表样本	华丽的酒香特征

决定将和现在的 One CUP 相比酒精度数低、甘甜的酒质推荐给年轻顾客群。

在主成分分析中给"日本酒官能评价试验"中的评价项目（变量）加值，进行了将变量合成之后，用少的变量表示的分析。通过分析结果得出的新的变量被视作"日本酒的综合特征""酒香的强烈程度"。

另外，图表样本化方式是请顾客评价这次"日本酒官能评价试验"中的"华丽"对"稳定"、"顺滑感佳"对"顺滑感差"等共计18对评价项目，然后只抽出这些项目和项目之间的相关性，将其图表化的手法。

从分析结果了解到，日本酒的口感是和"厚重的口味""酒精味道重""醇香的味道"等描述联系在一起，而日本酒的浓郁感是和"有日本酒的味道""有日本酒的余味"等描述相关。

　　其中，关于这次"酒精度数低、甘甜"的样本，弄清了"有日本酒特色"的起因是"酒香的强烈程度""华丽感"。

　　从这个意义来说，这次和学术型机构共同合作，对普通年轻顾客群进行长年的基本商品——"One CUP 大关"的嗜好性调查、官能评价试验本身也是一个创新。

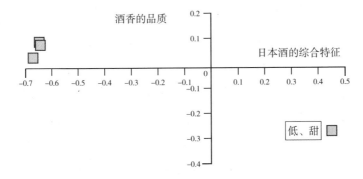

将日本酒的综合特征和酒香的品质作为坐标轴，对四个样本进行分析，得出的结论是最具特色的日本酒的品质是"酒精度数低又甘甜"的口感。

探究嗜好背后的心理

　　用科学的、统计的方式对以前大多用来评价"感觉值"的"好口味""深入内心的味道"等描述进行解析。前面已经提到这次为了解析"One CUP 大关"的好口感，与金泽工业大学感动设计工学研究所所长神宫英夫教授进行合作。

　　现在的市场环境是这样的。在很多制造领域，国际竞争日益强烈，同时创新已经逐渐饱和，向顾客提供新的价值的门槛变得越来越高。在这样的情形下，提供新的高附加价值的关键词就是"感动"。

这是因为要想打破商品失去差异性竞争优势的日用品化 [①] 及价格竞争等壁垒，好商品必须是能让顾客情不自禁地喜欢上，并想把它介绍给其他人的、令人"感动"的物品或者服务。

金泽工业大学感动设计工学研究所在平成十九年（2007年）三月成立，目的就是为了开发出这种带给人们"感动"的好商品。当人们"感动"时，会展示出什么样的生活反应呢？为了解答这一疑问，研究所用近红外线脑功能测定装置、温度测定仪、心电图、肌电图仪等仪器测定数据，确立"感动"的评价体系，以"打动消费者心灵的产品开发"为目标，与多家企业进行了协作。

首先，为了解析"One CUP 大关"的好口感，神宫教授进行的是找出评价项目的数据背后的东西。如果只是进行一般的市场性解析，例如对提问项"关于酒香"的回答，只要看平均分是多少就可以了，问题是，当被问到"这个日本酒你觉得好喝吗"时，即便简单回答说"好喝"，回答的人自己都没有察觉到，自己的潜意识中说不定藏着"可能甜味少了点"的意思。

当然，在普通的调查中，这样的潜意识不会体现出来。那么，怎样才能挖掘出数据背后隐藏的东西呢？神宫教授这样说道："回答的人只能用表面性的词句表达自己的想法，因此用语言标注意思。其实，在这些数据的背后藏着当事人没有意识到的某些关联性的东西。通过分析这些关联性，我们就会知道需要增加酒的甜味。只是不仅是增加甜度这么简单，还要进一步地解析出更详细的线索，比如调整甜度和酸度的比例，可以充分体现当事人觉得理想的甜度。"

---

① 日用品化，指功能、品质等差异化特征变得不明确或均质化，顾客选择商品时只关注价格及易购性。

也就是说从调查结果中探究出从平均分看不出来的、连回答者本人都没有意识到的嗜好，这就是神宫教授进行的解析。通过这样的深入探究，将重点放在所得出的特殊的分析结果，就能制造出和其他企业不同的新的口感，并且深受现在的年轻顾客群欢迎的日本酒。

大关公司为什么会在这样的时候费时费力地做这样的调查呢？

围绕"One CUP 大关"不可撼动的好口感，对非高频用户的年轻顾客群进行科学的、系统的嗜好调查，其实是把双刃剑。

如果现在的味道评价保持不变，在酒的口感不变的前提下，只是一个换了个包装和设计的新商品，也不可能马上就会受到年轻顾客群的青睐。相反，这样一来，甚至会让原来的高频用户们觉得"这不是我们的'One CUP'"，进而不予理睬。

考虑到这些因素，大关公司坚定"第二代——最初的目标"不变，为了证明"第二代日本酒顾客群"不是嘴上说说而已，接下来进行了前所未有的调查、解析工作。

用图表样本化方式进行新商品开发

这是通过探究潜在的嗜好因子，挖掘新商品开发的可能性的解析方式，神宫教授指出，实际上将这一方法应用于包括酒精类饮料在内的食品开发的例子还很少。

"原本图表样本化方式是用于探究工业产品的制作线上出现的不合格品的产生原因等，比如在制作过程中，是什么原因导致了某种概率的不合格品的产生。即便弄清了不合格品的问题在哪里，也难以判断这些问题产生的主要原因。而这一方法的作用就是将背后隐藏的东西挖掘出来，大白于天下。"

原理是这样的。举个例子说，假设某县的交通事故发生次数比较多，其中有"高龄者驾驶汽车的时间长"的数据。这种情况下，人们通常会觉得是因为高龄者驾驶的比率高，所以多次发生交通事故。在这里，加上"马路的整修状况"这一项，将它作为变数进行解析的结果是，实际上高龄者的驾驶比率和交通事故发生次数之间几乎找不到任何关联性。

可见从表面的关联上是看不到本质的。如果能分析到背后隐藏的东西，就能认识到不仅要加强对高龄驾驶者的管理，也要完善对马路的整修工作。

那么，这样一种可谓专业性很强的解析方式怎么会被用到食品领域的新商品开发的呢？

"究其原因是商品的日用品化，这不仅在食品领域出现。想创造和别家公司不同的商品，却很难找出差异点，而且顾客也很难看出两家之间有什么不同之处。为了创造某种差异，在市场调查等方面研究顾客潜在的需求，但不管是委托给 A 公司还是 B 公司做研究，依旧找不出什么不同之处，这时就需要我们探究从表面性的调查中查不出的东西。于是就有了这个图表样本化方式。"

在一般的市场调查中，也会进行标准偏差、交叉合计，还有多变量解析等稍微深度的分析。根据不同的目的，从多个要因中相互关联的不同类型的特性值上探索出"相似的特征"。

简单来讲，日本酒的"浓醇"和"好口感"是不同的词汇，但对喜欢喝酒的人来说是一样的意思，多变量解析法就是分析这种情况。

但是单靠分析这些，对商品开起不到什么启发作用。"即便找到了相似的地方，说一句'是这么回事呀'就结束了。重要的是接下来怎么做。将解析延伸到隐藏在背后的关联性，就能明白应该将焦点具体放在商品的哪个部分，加以改进。"

在"One CUP 大关"50周年纪念商品的开发中，针对年轻顾客群进行嗜好性调查和日本酒官能评价试验并获取了数据，再通过主成分分析和图表样本化的方式对这些数据进行了解析，从中发现未曾想过的新的关联性。这个关联性就是"酒精度数低且甘甜的口感"的样本评价中出现的与"日本酒应有的酒香""酒香的强烈程度""华丽感"相关的特有的关联性。以这个解析结果为基础，大关公司50周年纪念商品的酒质被确定了下来。

面向30、40多岁的第二代日本酒顾客群的酒质以重视好口感和顺滑感为特点，将酒精含量定为12%的稍低的度数，同时为了能带来略带华丽感的酒香，掺入10%的大精酿酒。

"One CUP 'O——'"指向的未来

面向第二代日本酒顾客群、挑战新口味的"One CUP 大关"50周年纪念商品。这是传承了"One CUP 大关"的 DNA，同时是为了建立新的沟通方式而产生的"未来的 One CUP"。

商品名也回到 One CUP 的原点，考虑了 One CUP 的理想状态，最后命名为"One CUP 'O——'"。这个"O——"像感叹词 Oh！一样，向顾客传递着惊艳感，并且引用法语"EAU（O——）"表示的"水"的意思，体现了对"One CUP 'O——'"的期望，希望它的未来是清澈又灿烂的。

"One CUP 'O——'"绝对是以第二代日本酒顾客群为对象，因此商品企划也是以使他们感觉到"这是我们的 One CUP"为目的被推进。

当然，传统的"One CUP 大关"依然是大关公司不可撼动的基本商品，这一点是不会改变的。但是，大关公司并没有满足于现状，没有只把"One CUP 大关"作为50周年纪念商品稍加修饰，就当作是新商品开发。这又是大关公司"魁精神"的一次体现。

神宫教授还指出："我认为在'基础商品之上再做点什么'这样的想法本身就很吸引人。就算'One CUP 大关'保持现状，不做什么更多的，大关公司杯装酒的市场占有率依旧会处于绝对优势。然而面向第二代日本酒顾客群想创造新的、别样的 One CUP，这就很有挑战精神。一般来讲，瓶里装的酒本身保持不变，只要更新50周年纪念商标、包装等也是完全可以的。"

如神宫教授指出的那样，以往的日本酒业界多偏保守。改变基础商品的口感这样的挑战，实际上是很难办到的。而且这样的改变，目的是为了第二代顾客群，从外部专家的角度来看也是十分具有挑战性的举措。

"我们常说，不管是什么样的商品，所谓使用性，指的是顾客使用之后才能体现其价值。再好的商品，没有被使用过的话，就没有意义。也就是说，商家要做到让顾客产生想使用、想品尝该商品的欲望。

要做到这一点，最重要的当然是商品本身必须是好的，还有设计、商品名、商品带给顾客的趣味性等，这些围绕该商品的各种'相关因素'也要考虑进去。"

饮食时代这一称呼我们已经听了很久。要说美味的东西，世界上应有尽有，在日本能制作这些的厂家不计其数。

然而，让还未尝过味道的顾客产生想品尝的冲动，能够制作这样的商品的地方还不多。

神宫教授建议，要做到这一点，清酒厂家需要进行更具战略性的创新，或者需要引发革新的战略性。

只要制作方觉得自己的酒"不错"，自然会吸引顾客过来。对这样的想法虽说也不是绝对地否定，但如果只停留在这样的水准上，恐怕没有机会遇上那些完全没接触过日本酒的年轻顾客群。这样一来，随着现在的日本酒高频用户逐渐高龄化，日本酒市场会变得越来越小。针对未来的顾客群，我们要做的是制作出优良的酒，促使他们情不自禁地伸手去拿。

然而，其中也有一些日本酒专家对这样的话题持否定态度，说日本酒的奥妙不是那么容易懂的，反而应该只给那些懂的人喝。

这的确也没什么不好。但是，除了部分日本酒爱好者、对发展趋势敏感的年龄层以外，远离日本酒的人越来越多，在这种情况下，简单一句"我们制作的日本酒很不错"是不可能实现我们希望获得更多顾客的愿望，这也是不可否认的事实。

为了打破这样的局面，我们需要创新，就如在"One CUP 'O——'"的开发过程中采用的那样，弄清"看不见的相关联系"，努力创造新的方法，这在今后将变得愈发重要。

"One CUP 'O——'"的确给日本酒领域带来了具有新的冲击力的商品。它引起的浪潮今后会引发怎样的"事件"呢？

以新的沟通为目的的设计

解析 One CUP 的设计 DNA

传承了"One CUP 大关"的 DNA，以建立新的沟通为目的，被作为"未来的 One CUP"开发出来的"One CUP 'O——'"。

其设计要求的并不仅是单纯的新商品设计，而是让第二代日本酒顾客群忍不住想抓在手里的、具有高雅的个性感，是为了创造能起到和新日本酒产生亲密感的"作用"而做的设计。于是选中了活跃在世界舞台的设计师鬼丸敏广来担任设计。

平成十年（1998年），平面设计界最权威的杂志 *GRAPHIS* 评选出12位当年最佳设计师，鬼丸赫然在列。鬼丸在食品公司的商标设计、包装设计、娱乐公司的品牌形象设计等方面都有突出的表现。

鬼丸敏广（1963—　　）
株式会社 GRAPHICS & DESIGNING 的美术设计师。长崎县人。担任多家企业及团体的品牌形象设计，除了商品设计、包装设计、广告画报设计以外，还活跃在店面设计等多种设计领域。

但是，这次大关公司之所以把"One CUP 'O——'"的设计委托给鬼丸，并不仅仅是看重他取得的成绩。

这几年，相关企业的设计也大都分门别类，变得更加高效、合理。另一方面，很难产生像过去那样具有统一感和爆发力的、看似一人风格的设计作品。

于是，像松川烝二担任"One CUP 大关"的商标设计时那样，想再次让一位设计师做出具有大关公司风格的、表现新的统一感和爆发力的设计。

鬼丸被选中的原因当然是因为能够满足这些条件。以"One CUP 大关"50周年为契机，设计也回到原点。

即使如此，这是能让有着50年畅销历史、作为大关公司门面的"One CUP 大关"和第二代顾客群保持紧密联系的设计，谁也不知道设计的正确答案在哪里。

为了把"One CUP 大关"的 DNA 体现在第二代设计上，鬼丸首先要做的是将原来的"One CUP 大关"的设计进行分解。

"要想做出新的设计，必须理解原设计的内涵。为什么该商品能保持50年的畅销神话，至今依然受消费者欢迎？需要将其要因通过设计要素进行整理，进而完成设计。"

用农作物打比方的话，不仅要研究农作物的栽培方法，还要了解该农作物生长的土壤、气候、水质及周边化境等。栽培方法问问人就可以知道。但是，脚下的土地不会说话，所以要自己去挖掘、探究，这就是鬼丸的做法。

"比如，我在颜色方面做了验证，通过改变原商标的颜色，看看保留原 DNA 颜色的最大极限是什么样的。接下来加入某种图案后，发现商品的风格完全变了。但是如果加上 One CUP 的商标，即便改变了颜色，看上去仍是属于同一个系列的商品。由此可见，One CUP 的 DNA 不仅仅是颜色的问题。"

除此之外，还通过改变"One CUP"的字体，研究商标的哪个部分令"One CUP"这几个字母留给人们的印象较深。结果发现，"One CUP"商标的"O"和"C"在商标中显得格外吸引目光，应该是重点因素。

"对设计进行细节分析，就能了解以前看不到的东西。One CUP 的话，是商标中的'O'和'C'成为商标设计 DNA 的核心。

那如果改变这部分的字体会怎么样？在诸多的尝试过程中，弄清了'One CUP 大关'的 DNA 深藏在蓝色和白色的商标，甚至字体里，让我意识到这一点一定要特别重视。"

验证"One CUP 大关"设计 DNA 的工作并不是大关公司要求的。可以说这是很费功夫的工作。但是鬼丸认为要想对现有的东西进行改进，必须先了解原设计是怎样的一种状态。

并不因为商家委托设计事宜，就马上着手去干，而是先去了解设计对象，通过解析并挖掘背后隐藏的东西，从而得到新的启发。在前面提到的面向第二代日本酒顾客群的、以创造"One CUP 'O——'"的新酒质为目的而进行的尝试，恰好在设计工作中也进行了。

这恐怕不是单纯的偶然吧。"One CUP 大关"有种强大的力量，使很多人回归到创新的本质上。

发现连接未来的纽带

找到"One CUP 大关"设计的 DNA 核心，就能确定新设计的方向了。

其实，后来鬼丸尝试了保留"One CUP"商标的"O"和"C"，再细致地调整了一下字体的大小，发现还是不合适。新商品的目标是成为面向第二代日本酒顾客群的"未来的'One CUP'"。

然而，保留"One CUP"商标的"O"和"C"字体的大小，只是简单调整成现代常见的风格的话，很难让年轻顾客群觉得"这是属于我们的商品"。

"设计 DNA 的核心真的很重要，但过分关注它也不行，所以我想找到象征某种新鲜感的不同的主题，于是就有了第二步的尝试。"鬼丸说道。

他注意到，很多人也知道大关公司的"缆绳"注册商标。这个商标也是大关公司的身份证明和象征性要素，于是鬼丸想是不是可以用在设计上。

"我用缆绳图案制作了各种形状的商标。在制作过程中，将缆绳做成朴素的椭圆形后，我联想到一些东西，觉得可以借这个椭圆进一步表达其他的东西。"

将简单的椭圆形商标放在前面，再放上 One CUP 的瓶子，在从各种不同的角度观察它们的过程中，鬼丸注意到一个现象。斜着往下俯瞰瓶子形状时，瓶子看上去恰好像椭圆形。

"我心想这个可以当简单的椭圆形商标的挂钩。当斜着往下俯瞰时，瓶子的形状和简单的椭圆形缆绳商标紧紧贴合。我觉得这个设计有可行性。但是，只有简单的椭圆形的话，会给人感觉没有生机。这里面装的是酒，所以为了展示刺激购买欲的效果，添加了可以联想到水滴的小凹槽、表现酒的波纹扩散的线条图样，最后定下来的就是'One CUP "O——"'。"

比较一下"One CUP 大关"和"One CUP 'O——'"，设计表达的差异性一目了然。但两个设计的共同点是同样具有 One CUP 的 DNA。

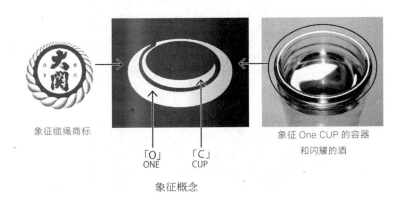

象征缆绳商标

「O」
ONE

「C」
CUP

象征 One CUP 的容器
和闪耀的酒

象征概念

拿动物来说，如果继承了同样的 DNA，也会出现各种共同特征。因此，创新之前要先找出"相似点"，"One CUP 'O——'"的成功之处在于带着共同的 DNA，同时表达了新的个性和存在感。

主要原因是什么呢？

"想想50年前，当时日本酒的商标用英文字母设计，这是件相当具有变革意义的事情。如果我们处在那个时代，估计做不出来。正因为大关公司做到了，我下定决心在这次面向第二代的设计上也做出好设计。

"One CUP'O——'"

我想通过精准的象征性图样表现 One CUP，也就是这次即便没有文字也能将大关公司的意图传递给顾客的图样。经过这些尝试之后，我向大关公司提出了以这个椭圆形的标记为核心的'One CUP "O——"'的设计方案。"

这次"One CUP 'O——'"想争取的是对酒感兴趣却喝不了度数高的酒，而且真正地对和"日本酒"沾上边的东西有抵触心理的人。

对这些第二代顾客群，既要带给他们来自"One CUP 大关"的安心感，同时为了让他们觉得这是"我们自己的酒"，需要调整原来的设计。于是在现在的设计中，将原本为蓝色的底色改成银色，将"O——"的标记和 One CUP 商标改为蓝色，体现明亮感。

这个"One CUP 'O——'"的设计特点还在于，它并不局限于商品本身。即便放在摆满各种菜品的地方，"One CUP 'O——'"的图案式样会给人留下深刻印象。

举个例子，如果在摆满意大利料理、甜点的饭桌上放上"One CUP 大关"，可能有点别扭，但如果是"One CUP 'O——'"的设计，就会和这些料理相匹配，而且菜肴和酒都散发出明显的存在感。

再次感受"One CUP 大关"的奇迹

被设计专业人士称赞"这个设计现在依旧给我们货真价实的感觉"的"One CUP 大关"的设计，是包括瓶子的形状等包装在内，自开始发售以来50年的时间里一直受到大众欢迎和喜爱的设计。

其实大家都觉得这背后存在着历经时代变化都没有丢失的某种"东西"，通过设计 DNA 的方法解开这个"东西"的真面目恐怕是史无前例。

通过这些工作，鬼丸重新获得的灵感是什么呢？"分析研究我们的前辈们创作的设计作品，说实话，也是件需要勇气的事情。但若要活用他们留下的 DNA，用于创造下一个作品，就必须经历这个过程。

"在这里让我重新感到佩服的是50多年前大关公司就有了设计大会。通过设计大会，从日本酒的理想状态考虑，进行商品开发会议，真的是太有远见了。现在，确立商品开发的理念的时候，不仅有工作人员，连各方面的创作者也参与进来，这样的现象如今并不稀奇，可是大关公司50多年前就已经这样做了，说真的，我实在是感动。"

设计师参与奥运会这样世界规模的活动，这种情况当时也是有的。实际上，昭和三十九年（1964年）的东京奥运会也一样，有龟仓雄策等著名的设计师参与。然而，为一个品牌，而且是积累了历史和传统的日本酒品牌举行"设计大会"，这一点即便从设计专业人士的角度看也是令人敬佩的举措。

"正因为如此，One CUP 的设计才能一直保留到现在。如果当时出于不成熟的想法，只停留在表面化的设计上，估计 One CUP 不可能维持到现在。肯定会在各种阶段、环节上受到他人的干预，说不定会变成跟现在完全不一样的模样。"

像"One CUP 大关"这样基本设计形式50年不改变，而且现在还能在柜台上看得到商品的情况几乎是没有的。这样的设计即使从设计师的眼光来看，想必也会让他们有种不可思议的安心感吧。

"重点不是好或不好，它对人们的意义就像空气一样，是理所当然的存在。'One CUP 大关'从我们小时候开始就已经存在，孩子们往大人们喝的 One CUP 的空瓶里放东西，拿着玩耍，嘴里哼着电视里播放的广告歌曲，'One CUP 大关'的设计带给我们的是这样的回忆。

"所以看着 One CUP 的时候，也让人颇为怀旧，一直以来的货真价实感、依赖感也会增加。现在的商品，包括设计在内都在很短的周期内进行更新，这已经是司空见惯的事情了，所以像 One CUP 这样保持原来的样子不变的商品，真的是太了不起了。"

当然，为了生存不断进行改变也是一种有价值且重要的因素。但即便不进行表面上的改变，能持续拥有始终坚持内在的东西不变的强大力量，应该说也是无法模仿的价值。

"在这次设计的过程中，让我感受颇深的是50年前设计师设计的东西，现在还能拿在手里喝，从某种意义上说是件幸福的事情。我们能用同样的视线、感觉来体验以前父母那一代人喝过的东西，能做到这一点的商品，真的像奇迹一样，值得我们去感谢它。"

这并不表示50年前的东西因为保存得完好，所以能拿在手里喝，而是表示人们与当时深受欢迎的商品之间的纽带依然留存到现在，可以说真的是极少有的现象。

从打开 One CUP 的那一刻起感受到的安定感，不变的好口感，随时随地都存在的与酒之间的那份亲密感，和手拿 One CUP 的朋友畅谈时的愉悦感，抑或是静静地和自己面对面的时间感。

将这种亲密感传递给第二代顾客群就是 "ONE CUP 'O——'" 的设计所背负的使命。

"如果年轻人喝了，也要让他们觉得好喝，创造这样的契机就是这次设计的重要使命。从这个意义来说，这个设计一直保留下来也可以，或者在下一个阶段进行升华也可以。

但比起这些，我更大的愿望是有了 'One CUP "O——"' 的设计，和日本酒建立亲密关系的人哪怕多增加一个也可以。在今天这样的时代和环境下，像以前那样设计出能保持50年的作品是很难的事情，因为新的东西接二连三地出现。

"但在这样的环境下，作为这个时代的关键节点，我想象着以前不喝酒类饮品或日本酒的人拿起酒杯的情景，尝试做了大胆的设计。只要他们喜欢上日本酒，同时也能享受大关公司以外的日本酒就可以了。这是我作为一个日本酒爱好者的想法，大关公司的初衷也是一样的。

最重要的是让第二代顾客群和日本酒结成亲密的关系，这就是'One CUP "O——"'的设计目的。"

作为大关公司，当然想进一步提高"One CUP 大关"的销售量，但这不是他们唯一的目的，更多的是思考日本酒的未来，并决心把日本可以向全世界夸耀的日本酒这样一种饮食文化及酒的风格传递给年轻一代，在这一点上，鬼丸和大关公司达成了共识。

从这样的共识和共鸣下诞生的"One CUP 'O——'"的设计将对日本酒的未来带来什么样的影响呢？答案无疑就在下一代所继承的东西中。

"魁精神"的传承

继"One CUP 大关"后创新的必要性

创新50年，用半个世纪的时间支撑清酒业界历史的"One CUP 大关"现在来到了十字路口。面临清酒的绝对消费量开始减少的困境，下一个50年要怎么挺下去？解答这个问题之前，首先需要重新回顾一下大关公司贯穿至今的"魁精神"。

原本"魁精神"的真谛是"创造未来"的强大意志。如果说创造前所未有的价值、将新的文化传递到现在是"One CUP 大关"的功劳的话，那么只要依然保持着"One CUP 大关"的基石——"魁精神",不就可以保证今后不仅给"One CUP 大关",甚至给日本酒本身带来新的价值吗?

"看准下一个50年,在创造新的价值的同时获得新的顾客群,并将传统价值继承下去。我觉得这是50年前改变了日本酒的饮用方式且把这些文化传承到今天的'One CUP 大关'传递给我们的含蓄的信息。赋予'One CUP 大关'新的生命,朝着百年品牌的目标前进,我想我们可以做到。"市场部的涌田浩一 [①] 自信地说道。

这不只是开发新的"One CUP 大关"而已。因为作为一家大型清酒制造商,有义务为提高日本酒本身的价值而努力奋斗。现在,"日本食品"也被注册成世界非物质文化遗产,受到全世界的高度评价。其中,日本酒采用的是叫"同步反复发酵"的全世界独一无二的制作方法,故而倍受关注。

据说日本酒起源于中国的遣唐使在奈良的寺院酿造的酒,但如果没有历经数代风雨洗礼的日本的土壤、米、水等以及祖辈们和风俗习惯一同积累下来的独特的制作方法,是做不出来的。这一文化现在得到了全世界的肯定,而将这一文化传承给下一代是清酒制造商的责任与义务。

而且,据说以大米为原料的日本酒富含氨基酸,对健康也有益。趁着全球兴起的健康热潮,再次向全世界展现日本食物的最佳搭档——日本酒的魅力,同样是重要的使命。

可能因为日本酒对我们来说太熟悉了,所以对它的评价也千差万别,说是毁誉参半的历史也不为过。

尤其是进入平成时代后,随着商品流通的发展和物流体系的进步,大城市的人也能喝上以前喝不到的地区"本地酒"。因为酿酒量有限,反

---

① 涌田浩一,营销部部长兼开发企划组科长,同时任宣传报道组科长。

而人气高涨，人们以为小酒窖酿造的酒才是真正的酒，也引起了媒体的关注。

相比之下，大型酿酒制造商的酒被说成是批量生产，故而受到责难，酒的品质很难得到好的评价，这也是不可否认的过去。

"我希望消费者能理解，大关公司继承了丹波酿酒师正宗的制作方法，酿造的是滩地区的本地酒。正因为酒的优良品质，一直保持了300年的历史。而且，这段历史和生产量可以证明，只有靠非凡的技术力量才能将高品质的商品推向国内市场，并且将同样品质的商品推向国际。"长部训子监督长这样说道。

当然，分布在全日本的酿酒厂家不论规模大小，都是很珍贵的，同时有很高的品质。但是，从日本酒的制作技术来讲，不管拥有多高超的技术，如果消费者没有机会接触这些技术的精髓，就无法创造出价值。换句话说，能让更多的人喝上日本酒，这是只有大型制造商才能实现的价值。

"大关公司的历史同时还是通过'One CUP 大关'，为了让更多的人亲近日本酒而流汗奋斗的历史。"涌田自信地说道。

"大关通过技术和智慧的结合提倡快乐的生活方式，为创造展望未来的生活文化而作贡献。"——这就是大关公司的企业理念。

长部训子
长部二郎的长女。任监督长一职。

　　"魁精神"来自在经营酿酒事业303年的岁月中孕育的、创造未来的"先驱者"精神，以及将新课题作为前进的动力不断进行自我钻研的自信感。创造了"One CUP 大关"的 DNA 被持续传承，现在依然活在"魁精神"里。

　　正因为如此，"想给更多的人提供更美味的日本酒，为快乐的生活作更多的贡献"这一率真的想法，今后也必定能冲破任何障碍。

终　章

"One CUP 大关"为什么能持续走在前列？

——名人谈"One CUP 大关"的成就

"One CUP 大关"带给我们什么？

在前面的章节中，我们逐一介绍了"One CUP 大关"的开发、销售以及迄今为止的发展历程。在这里，想从略微客观的角度探讨"One CUP 大关"究竟带来了什么。为了寻找答案，我们向活跃在不同领域的三位人士进行了采访。他们是：

一桥大学大学院国际企业战略研究科教授　楠木建先生

作家　西村贤太先生

株式会社 NHK 事业执行制片人　吉田照幸先生

楠木先生被问到关于"One CUP 大关"的创新性，西村先生被问的是与"One CUP 大关"的回忆，吉田先生则是关于"One CUP 大关"留下的价值。"One CUP 大关"为什么能持续走在前列？

我们根据当时的采访记录，整理了以下的内容。

从"One CUP 大关"看创新的本质

一桥大学大学院国际企业战略研究科教授　楠木建先生采访记录

真假创新的区别方法

近年来，经常听到喊着这样的口号："现在是创新的时代！""创新"一词成为商业上的口头禅。

另一方面，创新往往被误解成"某种新事物"。如果歪曲了创新原意，就做不出真正的创新。和企业利益相关的、真正意义上的创新是什么呢？对这个问题，"One CUP 大关"是最有资格回答的，这是因为"One CUP 大关"充分满足了创新的条件。

这一点可以从"非连续性"和"范畴创造"两个方面进行说明。让我们依次来看。

首先是"非连续性"，这是创新的本质条件，很多人对这一点有理解上的错误。创新（革新）并非是"进步"，进步和创新虽然相似，却是不同的概念。

对顾客来讲，所谓的进步是既有的价值次元上的前进。用酒来讲，和以前的商品相比，"口感好""新鲜度高"等就是进步，但并不是创新。此外，半导体存储器的容量增加、智能手机变轻、电视机的图像变得更清楚、电池的续航能力比以前增加了两倍等都属于进步。

就算在已有的价值次元上取得飞跃性的进步，也不算是创新。因为这里没有"非连续性"。什么是"非连续性"？是以前的价值次元本身变成某种新的东西，而创新的本质就在这里。

"飞跃性进步"不是创新

第一个捕捉到创新这一概念的是经济学家约瑟夫·熊彼特[1]。他是20世纪最具代表性的天才经济学家之一，用创新的概念解释了经济的动力。

关于创新的非连续性，熊彼特在著作《经济发展理论》中用"不管拴上多少辆马车，也不可能变成铁路"的比喻进行了解释。就马车而言，能取得"用更好的马""改变车轮的材质""采用方便卸马的构造"等方面的进步。

通过重复这些"进步"，对顾客来说，马车变得更有价值。然而，创新如同给以马车为主要移动手段的社会引进铁路，蒸汽机车和马虽然同属运输工具，却以和马的质量、车轮的材质属于完全不同次元的"蒸汽机车"为动力，这种"非连续性"就是创新和进步之间的区别。

"One CUP 大关"也一样，目的不仅是为了在传统的酒身上取得"更美味""更便宜"的进步。在日本酒业界，原本是参赛者（制造日本酒的企业）提供更好的酒，展开"进步"的竞争。

以前的日本酒不管是热完喝还是直接喝冷的，都会准备好酒壶、酒盅、玻璃杯等，在家里喝。然而，"One CUP 大关"原本就装在杯子里，也不用准备玻璃杯等，具备可以带在身上、买了能马上喝等优点，提供了以前的商品没有过的价值。

总的来说，"One CUP 大关"将体现其价值的维度从以前的"口感"变成完全不同性质的东西。

---

[1] 约瑟夫·熊彼特，生于 1883 年。

楠木建
一桥大学大学院国际企业战略研究科
教授。
修完一桥大学大学院商学研究科博士
课程。经任一桥大学商学部副教授、
同创新研究中心副教授等后，自 2010
年起任现职。专业为竞争战略。
著作有《竞争战略的故事》（东洋经
济新报社）、《"好恶"与经营》（东
洋经济新报社）等。

范畴创造是成功的依据

除此之外，从"范畴创造"的角度来看，"One CUP 大关"同样是一场真正的创新。创造前所未有的新的范畴，最后成为代表这一范畴的品牌，这就是范畴创造。"One CUP 大关"的诞生意味着产生了传统日本酒里没有的"杯装酒"这样一个范畴。

某商品或服务是否实现了范畴创造，可以根据"该商品是否超出公司命名的固有名词的框架，作为范畴名[①] 被认知"来判断。

从这个意义来讲，索尼公司的随身听就是范畴创造的典型例子。原本"随身听"是作为便携式音频播放器被索尼公司市场化的商品的固有名词。后来，松下、东芝等其他商家也开始效仿，开发出了类似的商品。

---

① 范畴名，表示种类、领域，是涵盖同款商品的范围的名称。"One CUP"是大关株式会社的注册商标，作为一般名词被称作"杯装酒""装在杯子里的酒"。

　　当时，随身听作为热门畅销商品风靡一时。在它盛行的时代，有人买了松下的便携式音频播放器，嘴上很自然地说："我的随身听是松下牌的。"

　　当时的音频产品在音量等功能性次元上展开了竞争。

　　而且，在随身听之前已经开发了轻便的小型录音机，那么随身听的创新体现在哪里呢？

　　随身听的创新并不在于"轻便小型""随身携带"上，而在于改变了听音乐的方式。以前，人们通常聚在有音频设备的地方听音乐。但是随身听登场后，这回是音乐跟着人走。晨跑或上班路上也能听音乐。当时，小型收音机已经被开发出来了。和收音机相比，随身听可以把自己选择的音乐从物理性受限状态中解脱出来听。这就是新的价值，听音乐这一行为的意义改变了。

　　"One CUP 大关"的情况也和这个十分相似。虽然效仿的商品很多，"One CUP"却只有一个。

　　随身听是 BtoC（business to consumer）的例子。再举个 BtoB（business to business）的例子，那就是施乐复印机。大约30年前，说到复印，人们主要用的是奥泽利德晒图法，即重氮式复印技法，将资料放入机器后复印成深浅不同的蓝色。

索尼公司开发的录音机——随身听 1 号机 "TPS-L2"
颠覆了对"听音乐"本身的价值观。
昭和五十四年（1979 年）以来，推广到全世界，截至平成二十六年（2014 年）三月底，累计销售量突破了四亿两千万部。

这时，施乐公司用和现在一样的色粉，开发出可压接的复印机，引起轰动。

当时，很多生意人把用复印机复印的行为叫作"施乐一下"，即便实际用的是理光、佳能、东芝，"施乐一下"作为通用语被普及开来。

创新需要有全权决策的人

"One CUP 大关"是由十代创造的。据说后来十代的儿子十一代在当时的通产省（现经济产业省）讲到要把杯子的形状和一升装瓶一样标准化的事情。

如果进行标准化，竞争对手就能轻易参与到"One CUP"范畴里，大关公司就会失去独创性。这样看来，标准化似乎是件吃亏的事情。

虽然后来这个想法并没有实现，但充分表明了当时的经营高层、大关公司的经营者主动提出这样的构想是因为他们深知当初创新的出发点是什么。

东洋经济新报社出版。《竞争战略的故事》楠木建著，2010 年由

President 出版社出版。《战略读书日记》楠木建著，2013 年由

如果"One CUP 大关"只是简单的进步，当出现口感、价格上更有优势的商品的时候，顾客都会流向那里。

消费者选择既便宜又美味的商品是无可厚非的。通常情况下，如果价格相同，最后就变成"业界最小最轻便"的进步上的竞争。

然而，"One CUP 大关"是踏进范畴创造门槛的创新，并不是因为"One CUP 大关"比其他公司更优秀才被顾客选上，而是由创新产物"One CUP 大关"决定了原本对"什么是好商品"的定义。由此，即便出现比"One CUP 大关"还美味的商品，很多顾客依然会选择买"One CUP 大关"。

从"A 和 B 哪个更好？"这样的比较性竞争状态中脱离出来，就是实现了范畴创造的商品的优势。"One CUP 大关"在长达50年的时间里，持续成为畅销商品的理由是因为它不是进步，而是真正的创新。

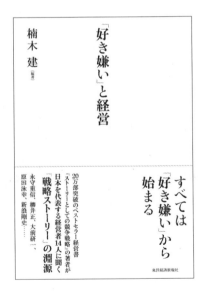

《"好恶"与经营》楠木建著，2014 年由东洋经济新报社出版。

"One CUP 大关"真的受年轻人欢迎吗？

作家　西村贤太先生采访记录

我人生中的"One CUP"

似乎有很多人认为我和酒之间是剪也剪不断的关系。的确是这样，不过要说是不是天生好酒，倒也不是。正相反，我是个不爱喝酒的人。我父母原本就是完全不会喝酒的人，我也继承了他们的体质，按理说应该是滴酒不沾的。

我之所以说这些无厘头的话，是因为明知自己不能喝，却从年轻时开始喝到现在的缘故。以前我在书中也写过父亲在我小时候弄出了件猥亵事件，弄得全家支离破碎。也许是出于逆反心理，我为了否定父亲的基因，不顾自身情况，强迫自己喝酒。

喝完了吐，吐完了再喝，终于克服了滴酒不沾的弱点。不是因为想喝酒，而是想证明自己和父亲本质上不同，这才克服下来的。

记得23岁的时候，一个人喝掉了23壶酒。在一般人的记忆里，20岁学喝酒的经历应该是和大学同学们嬉闹着、趁着酒兴的开心回忆，可我和酒的相遇跟这样的回忆差了十万八千里。

以前，为了摆脱父亲惹事后的残局，慌乱中半夜逃出来，漂泊到某地。在那里经常看到白天开始在繁华街游荡的大人们。这些人连靠什么生活下去都不知道，大都喝得醉醺醺的，即便这样，我也并没有想否定他们。

听上去可能很奇怪，我甚至觉得有某种亲切感。父亲滴酒不沾，却是暴脾气的人，火气一上来，根本无法阻止。我觉得和这样的父亲相比，喝了酒，扭打起来，打完两边都咣当倒下去的人，更有人样儿。

"One CUP 大关"对我这样的人生既不祝福也不否定，总是出现在我触手能及的地方。

我小时候，小健也就是萩原健一出演了电视广告。他那带着些许无赖气息的样子，连我这样的小孩看着都觉得帅帅的。

当时还卖插上吸管喝的酒，可这让人觉得放不下面子去喝。要喝的话，必须是能模仿萩原健一派头的"One CUP 大关"。

One CUP 在自动售货机上也能买得到，这点也很棒。小小年纪就跟酒馆老板要酒喝，这让我觉得很丢人。那个 One CUP 的商标背面印着的外国女性的照片，真的不错呢。每次买的时候都很期待，可如果商标背面印的是外国风景，就会像打靶没中似的，有莫名的失落感。

时间流过 One CUP

在像浮萍一样居无定所的单身生活中，首先想起来买的还是 One CUP。倒也不是开始新生活，而是因为我经常只拿一个装了换洗衣服的纸袋，跟跄着入住新的住处，也是为了确保先有一个杯子。

在附近的酒馆买两瓶 One CUP 回到住处。虽然是一个人生活，先喝完一瓶，剩下的另外一瓶当备用的，就有两个杯子了。

因为心想如果交上朋友什么的，杯子至少得有一个吧。说不定纸杯也可以，但买一捆有几十个纸杯也多余，而且用完扔掉也浪费。

现在人们已经不把 One CUP 当作杯子来用了。但是出远门的时候首先想到的还是 One CUP。因为工作需要坐新干线来往于东京和大阪之间的时候肯定会买它。

这种时候也买两瓶，下酒菜是不需要的。在家的话，备上各种吃的，边吃边喝，我原本就很神经质，一想到"不会肚子疼吧""拉肚子什么的就麻烦啦"，就不另外弄什么下酒菜了。

喝着 One CUP，呆呆地望着窗外。如果看腻了，就到吸烟室去。One CUP 自然会带在身边。如果没有烟，酒也不会觉得好喝。

差不多这个时候就犯困了。差不多从名古屋到新横滨之间的时候觉得格外困，又无聊。喝干两瓶 One CUP，睡意蒙眬的。这已经成了固定模式。

到东京站的时候人已经很清醒了。医生常说"酒要喝到2合左右"，这句话果真在理，让人佩服。如果从此戒掉，生活也能过得很健康，可就是做不到。

西村贤太
出生于东京。从幼年开始接触《红头发的安妮》《居里夫人》等，爱好读书。以《临死前的一段舞》《数零钱》等作品入围芥川奖，以《苦役列车》获得第 144 回芥川奖。

喝 One CUP，被当作酒鬼的事情也不是没有，但其实 One CUP 很适合晚上小酌。在新干线上经常看到普通的工薪阶层出差回家路上打开 One CUP 的情形。

开始时喝的是罐装啤酒，后来觉得不够来劲儿，可能就会想到 One CUP。总不能在新干线上喝完一升吧。在这一点上，如果换成 One CUP 就能一饮而尽。

不向任何人低头的酒

日本酒莫名地开始变时髦了，我对这点很看不惯。日本酒不需要这些小花招，只要保持现状就很好了。和清酒、浊酒都喝的大人一样，不管是哪个行当的人喝都能接受，我自以为这就是日本酒的度量。

One CUP 有不向任何人低头的骨气，我虽然做不到这一点，但可能在内心深处对这样的骨气产生了共鸣。处境尴尬时，我会把 One CUP 放在身边。是自己偷偷带来的。遇到初相识也能敞开心扉谈话的人，根本不需要酒。

如果不是和这样的人在一起或预想自己会紧张的时候，我则会求助于 One CUP。在缓解紧张情绪、避免自己的言行给对方造成不便之时，One CUP 有特效药的作用。

拙作中的登场人物同样如此。《数零钱》里有一段讲的是主人公去跟朋友借钱，因为很久没见，于是在小卖部买了三瓶 One CUP，以此来麻痹自己的神经，最后的结果是被痛骂了一顿回来。主人公并不是一开始就想这样，但是结局不遂人意。就算这样，为了活下去，还会继续喝酒。

这些话听起来好像在贬低日本酒的存在，其实不然。说到酒，我自己也是只接受日本酒或者烧酒。尤其是威士忌，因为体质关系一点都不能喝。一喝马上就吐出来。所以我的作品里日本酒和烧酒的登场频率很高。

还有，我的作品之所以和日本酒有剪不断的关系，原因之一就是我喜欢以前的"私小说"。其中，葛西善藏、田中英光两位在古今中外的小说家里都以无人能比的海量而闻名。

不对，海量一词还不够，是连酒狂、醉仙两个称呼都无法表达的程度。被他们这样的豪气折服，我也特别想加入他们的行列。

这么一来，威士忌也好红酒也好，都不太适合私小说，只有日本酒最适合。读着葛西善藏他们的小说，看到只有喝日本酒的人才能写出来的文字，让我觉得特别开心。

"他喝了酒，觉得除了酒没有什么能让现在的他振作起来。他贪婪地却又像对待格外珍贵的东西般一杯接一杯地品着喝下去。"（葛西善藏《领着孩子》）

既然能得到这么大的快乐，我也写那样的小说看看。想着想着，不知是有意还是无意地就把酒写进自己的作品里。

原本是想否定父亲的基因才开始喝的酒，自从和葛西、田中他们的作品邂逅以后，读着小说中关于酒的描写，仿佛觉得自己变成作品里在喝酒的主人公。从这个意义来说，如果没有遇见他们的作品，我可能就变成一个半吊子酒鬼了。也不会为了改变滴酒不能沾的体质拼命练喝酒了。

让大人变优秀的 One CUP

我们有时也听到说如今的时代对日本酒来说不太友好。除了酒，年轻人也有很多其他乐趣。

和我们小时候不一样，现在的成年人，不管是娱乐方式还是信息来源，都有很多选择。这样的环境下，日本酒要想和以前一样体现存在感也许是不容易的。

就算如此，为了不丢掉年轻顾客群，硬是用随意的方式对日本酒进行宣传都是不明智的做法。即便不花心思去做宣传，喝的人照样会喝，喝完了一会儿豪言壮语，一会儿自怜自哀。酒和人都有这种宿疾一样的性质，是没办法改的。

　　小说也是一样，不是什么了不起的东西。真正知道以前那种小说的读法的年轻人并不多。虽然不多，那也没什么，没必要对年轻人卑躬屈膝。

《苦役列车》（新潮文库）　　　　　　《数零钱》（文春文库）
西村贤太著，2012 年由新潮社出版。　　西村贤太著，2011 年由文艺春秋出版。

　　那时候，小健出演的 One CUP 的电视广告，正因为是不向任何人低头的风格，才会吸引一部分小孩和大人。对成年人来说，酒未必都是开心地笑着喝下去的。处于窘境时，它是一种鼓励和依靠。这种酒喝完可能会后悔，但有时就是为了体会这种感觉才喝的。

　　可能这就是所谓的乡愁吧，想起从小说里读到的情节：在黑暗无比的年代，走投无路的主人公们喝了酒才能活下去的样子和日本酒交织在一起。虽然并没有活在那个年代，却有种莫名的怀念。

　　日本酒就是这样，对失落的人也懂得去包容，我说的不全是别人的事情，自己喝醉酒闯祸的事情数也数不清。不过正因为有了这些丢人的事情，现在俨然能写出私小说了。

从这一点来说，日本酒没有让失败以失败的收尾，反而成为抑制犯下同样错误的控制力，同时也是让自己重新振作起来的动力。

"One CUP 大关"留下的创新的价值是什么？

株式会社 NHK 事业制作本部节目开发执行制片人　吉田照幸先生采访记录

2004年开始连续8年播出的 NHK 特色情景喜剧《上班族 NEO》[①]、2013年成为热门话题的 NHK 连续剧小说《海女》[②] 等，制作多部热门作品、一直不断挑战"新事物"的 NHK 事业执行制片人吉田照幸先生。

以创作"年轻一代愿意看的节目"为目的拍摄的《上班族 NEO》，让以前 NHK 没有过的短剧节目取得成功；同样在《海女》里，从局外人到作为编剧参与，给晨播剧带来了新的潮流。

从吉田的经历中我们找出和本书的主题共通的话题，如"颠覆价值观的创意""创新"等，并围绕"创作"这一主题，向吉田先生进行了采访。

---

① 《上班族 NEO》，2004 年首播。从 2006 年开始规范化，作为起用个性派演员的小品节目受到关注。有《性感的部长》《上班族体操》等数部热门短剧。到了 2011 年的第 6 季，作为持续了 8 年的长寿类节目备受关注。2012 年起在全国的剧场演出。
② 《海女》，2013 年上半期在 NHK 播出的晨间剧。讲述了在岩手县北三陆市袖滨一个虚构的小镇里，能年玲奈饰演的天野亚纪作为海女及偶像，致力当地的旅游宣传工作，成长为独立自主的人的故事。用岩手县方言表示惊讶的"喷喷喷"获得 2013 年的新词、流行语大奖，成为当时的热门话题。

认真听，就能听到"市场无声的话语"

——吉田先生一直不断追求"趋势"的最前沿。对这样的吉田先生来说，不断创作畅销作品的必要因素是什么？

吉田照幸（以下，吉田）

2004年，我进入了死胡同。不管怎么做，企划书都通不过。当时我在节目开发组，这是一个不开发有趣的节目就没有存在价值的组。连着苦恼了几天，实在束手无策，毫无进展，不得不厚着脸皮第一次问了朋友："你想看什么？什么样的节目你会想看？"这是在同学会上的事情。问别人关于企划的事情，这恐怕是第一次。

朋友说："想看NHK的短剧。"说不定以前也听过这句话，可那时没当回事儿，心想："NHK的短剧？开什么玩笑。"所以一开始就否定掉，从没认真想过。我一直认为企划如果不是自己想出来的就没有意义。不过，不知道为什么《上班族NEO》的企划案得到了批准，很受欢迎。那是因为向观众提供了"大家希望看的东西"。

——在《上班族NEO》里，"演员演绎上班族的短剧""性感部长"①等崭新的创意给观众带来了惊喜。这样的创意是什么时候产生的呢？

吉田

创作某作品的时候，不管是谁都会马上想"做更厉害的东西""做更精致的东西"，但是这些只是自我满足而已，并不是观众真正想看的。如果只是为了超越自己身上的某一点，就根本不可能给观众带来好作品。

---

① "性感部长"系《上班族NEO》中的一小段，是泽村一树饰演的色香恋次郎通过男性魅力解决问题的短剧。

若要做出观众需要的东西，就应该认真听"市场无声的话语"。

《上班族 NEO》第一季成功后，第二季就才思枯竭了。因为想制作更高大上的短剧，想到的竟是些严肃的主题。开始拍摄才发现一点也不好笑。结果，广播局总局长马上打电话到编辑室挑毛病，所属部门的上司们都被弄得很不安。

我和部长、总制片人一起到了会议室。"我们重新安排演员解决。"我只是默默地听着部长他们为我说好话。过了40分钟，在静得出奇的会议室里，局长面朝着我问了一句："你想怎么做？"

"我在想办法解决。"我答道。"那就好。"局长说。就这么散会了。这个"办法"就是《性感部长》。其实在拍摄第一天，生濑胜久（《性感部长》的主演）就说过剧本没意思，这才让我觉得自己很笨，但不知道怎么办，这就是我当时的状态。

剧本会议室里也是静得可怕。如果是平时，我会想方设法找解决方案，然而那时第一次想不出任何主意，只是一个劲地问作家："有没有什么办法？"

作家说："'性感部长'怎么样？"说实话我心想："什么呀，这是？"想着想着忍不住笑出声来。意思也不清楚，不管是主题性还是时代背景，什么都没有。于是姑且问了一句："主题是什么？""刚才在车里突然想到的。怎么样？有那么点性感的部长通过自身的魅力教育女性的故事。"他回答得倒挺轻松。

我一心想做"上班族的悲哀"之类严肃的主题，可这个《性感部长》却没有任何内涵。不过第一次听到"性感部长"的时候，我不禁笑了起来。"咦？我刚才怎么笑了？"我心想不能放过刚才的感觉。

不管是"性感"还是"部长"，原本是谁都熟悉的单词，但是没想过把这两个组合在一起。

给作家偶然想到的主意和自己笑出来的反应打个赌吧。之后心里不忘这个"有趣"的重要性，制作了短剧。不要问大脑的想法，而是要问内心的感受。后来广播局总局长给制片人打来电话，说了一句"挺不错的嘛"。

创意这个东西如果一开始就有该多好，但实际上是在被逼得撞南墙的时候才产生。走到死胡同的时候，以前的那些经验、知识都帮不了你。必须要做与以往不同的事情，对自己提出疑问，改变现状。还有，怎样相信在这次经验中得到的对"有趣"的感受，成为后来我工作上的基准。

——关于"创新"您是怎么想的？

吉田

听说《上班族 NEO》首播的时候，观众都换频道来确认现在自己看的电视台是哪个频道。本末倒置是吧，原本是想让观众看的，没想到大家都换频道了。不过后来，NHK 的短剧频道多了起来。

吉田照幸

NHK 事业所属执行制片人。出生于山口县。从青山学院大学毕业后，1993 年进日本广播协会（NHK）任职。制作了《NHK 好声音》《NHK 歌谣音乐》等节目。

2002 年被派到新成立的节目开发部，制作了《上班族 NEO》，2013 年受邀参加电视剧节目所属同期制作，担任晨间剧《海女》的导演。2013 年 9 月起担任现职。

有些东西发生了变化。"改变某种东西"并不表示否定这个东西，也不是要做出更厉害的东西。

将数据收集起来经过分析之后，诞生的是热门商品，但从这里不会诞生颠覆他人价值观的创新。比如《海女》，正当心里决定尝试"做和以前不一样的事"的时候，从没做过电视剧的我作为制片人之一被邀请参与制作。

不过，他们邀请我不等于否定以前电视剧部门的制作水准。编剧宫藤官九郎先生也不是想做什么惊人之举。对"海女偶像"的意思也不太明白。故事的主题是人口稀少问题、家族成员之间的爱、故乡的振兴等可谓"晨间剧的王道"的内容。

"One CUP 大关"也一样，起初并没有想做格外出奇的事情，而是看到在酒馆站着喝杯装酒的上班族后觉得"有趣"才开始的，也就是把握了日常生活中身边人的需求。

结果是 One CUP 理所当然地被社会接纳，表示"One CUP 大关"被赋予了新的价值观。

——《上班族 NEO》带来了几乎颠覆 NHK 形象的影响，能彻底改变人的价值观的创意是什么样的？如果要想出这样的创意，需要什么样的要素？

吉田

人、时代、运气，还有主题，不具备这些因素是不行的。众所周知，NHK 是制作严肃类节目的地方。而且作为职员的我们比别人更自认为是这样的。我当时看了 NHK10 年前播放的节目单，发现没有任何改变，这件事对我的冲击很大。于是作为"新的举措"着手准备制作短剧，而且NHK 有丑闻，感觉必须做什么新的事情才行。

《上班族 NEO》正好出现在这个时候。说来也怪，我的上司一直是从事纪录片领域的，大学时却演过戏剧，还是和生濑先生一个剧团。运气也不错，"具有划时代意义的创意"就这样碰上好运气，周围的人都支持说"这个肯定不错"。

当时的"One CUP 大关"奇迹般的繁荣也一样。

还有，一开始的目的不是为了"卖得好"。英文字母也十分符合东京奥运会。各样的因素配合得恰到好处。"One CUP 大关"最让我感兴趣的是"带着去旅行"的主题。不能带上酒杯，而正因为旅行已经成为生活的一部分，所以这个主题十分贴合。

——"One CUP 大关"今年迎来50周年。吉田先生制作的《上班族 NEO》作为短剧类节目成为少有的热播剧，如果想"长久地被爱"，需要哪些必要条件呢？

吉田

用《海女》的例子来讲吧。八木亚希子饰演的原播音员、家庭主妇足立良枝，她的人设是一旦隐退就不会再复出。但我将这个角色让非演员出身却有播音经历的八木小姐来演。她扮演的人物十分真实、充满魅力，成为故事的中心人物。

要想畅销不衰，需要有随机应变、能屈能伸的能力，单靠题材新颖不可能一直畅销不滞。

刚才我讲的"认真听市场的声音"指的就是"进行改变"。如果听取观众的意见做改变的话，因为有需求，所以会畅销下去。

——吉田先生一直积极地挑战新事物，开始新的尝试的时候，碰到了哪些困难？为了克服这些困难，想了哪些办法？

吉田

总之，当一个人否定新的企划案或创意的时候，通常以简单的"没有先例"为由拒绝别人。但总的来说，这不是那个人明确了想法后下的结论。

当上层因为怕风险命令说"把《上班族 NEO》拍成一年四集"的时

候，我是这么回答的："如果这样就没有意义。每周定期播出才会吸引观众。如果不是，就没有意义了。"

作为让步的条件，我提议其中的半年时间可以做半期。系列制在美国是主流。如果不理想，到那时停止制作吧。

同样，当我提出用短剧做报道节目的滑稽模仿的时候也遭到否定，说是报道会引起投诉。但我幼稚地喊道："被批评与否不要紧，我是为观众服务的。"

他们虽然笑我的鲁莽，但最后还是同意了，但加了个条件，那就是在画面的某个地方做个标识让观众知道是短剧。如果创意被否定，就会觉得自己整个人被否定，或者为自己辩解说那家伙思想陈旧、不懂潮流什么的，但重要的是要弄清他们否定自己的什么方面。如果他们有明确的理由，一步一步地说服对方就可以了。

不怕被他人否定，勇敢地去面对，对公司这样的生命体来说大抵亦如此。制作剧场版《上班族 NEO》中的《性感啤酒》的时候也是一样。和作为客户的大型啤酒厂家合作，也进行过实际的发售。那时，大家十分认同"红色啤酒、红色包装"这样新颖的创意，开心地投入到工作中。

正因为勇于面对挑战，才会等到运气的眷顾，失败了也能得到智慧和经验。而且，成功会带给我们更多的自信。真的有很多益处。关键是不要惧怕自己，也就是不要丢掉自我。不要对沟通对象撒谎，这一点很重要。

就像在《海女》里升起的喷泉一样，我会一直保持这样的勇气。
——要实现"创新"需要怎样的勇气呢？
吉田
我认为创新不是只要核心人物凭着一腔热血向前冲就能做的。要带着"这个真的可行吗？"的疑问，边问自己和他人，边进行下去。即便有起头的人，但这个人并不能预见一切，所以要向周围的人说"我需要这样的东西"，即便表达的"情感"不尽如人意。不要形式上的，而是要投入感情。在《海女》里，我第一个拍摄的是亚纪（天野亚纪 / 能年玲奈）和小结（足立结 / 桥本爱）在车站宣布"成为朋友！"的场景。

这时，身后的喷泉哗哗地升上来。

刚开始的时候，小泉今日子小姐（饰天野春子）说："这个镜头挺别扭的。"过了一段时间后又说："有了也不算坏。"第一次做导演带了点自己的主见，周围的工作人员看了以后意识到"吉田导演是想拍这样的"，于是大伙儿也开始帮我出主意。如果想带动别人，就要向他们表达自己想做什么，然后再接受周围人的意见。

很多时候我们喜欢自己冲在前头，这样是走不了多远的，每次冲完都回到原点。关键是不要一味地想着成功，而是要看是不是有趣。即便失败了，只要继续保持在这段时间里建立的人际关系，总会有人帮助你。我认为保持轻松的心态，放松肩膀是创新的关键。所有体育项目都会这样说"把肩膀放松下来"。

我计划明年春天开始拍摄电视剧，想把它做成日本没有的、崭新的形式。现在正在让周围的人看剧本，看完的人说："有意思，真想看。"其实谁都不知道结果会怎样，但很难碰到自己特别想拍的题材。可能我也是过了10年才碰到的吧（前面的没有实现），这是件十分幸运的事情。

——大关也有"魁精神"

吉田

"魁"，很不错。率先进入比赛。正因为做看不见未来也没有先例的事情，工作才很开心，而取得的成就能帮助人才成长，加强公司实力。

以前一直在我手下工作过的一个晚辈现在和内村光良一起做叫《LIFE》的短剧，做得很不错。

财富是人，是培育创新的种子

这些才叫真正的创新价值

吉田

经和上司、死板的组织、常理等做斗争，创造出某种新事物的时候，在同一个地方，呼吸着相同空气的人会十分崇拜这样的人，心想有些人是如此地努力，能和全日本知名的演员在同等的立场讨论和短剧相关的事情。

那里寄宿着新的灵魂。心想"NHK 的高层认可了短剧节目"，从而得到勇气。正因为"One CUP 大关"同样在以"改变"为前提进行产品制作，才会有这样的氛围。这已经超出了工作的性质。说到创新，大多只关注"创造划时代意义的消费"这一点，但我认为不止于此。

从中得到勇气并培育有同样灵魂的人才，这样创新就可以继续下去。我想这才是真正的创新的价值。

《海女》合集 1、2
发行：NHK 事业
销售方：东映株式会社、东映影像株式会社。2013 年 NHK

《上班族 NEO》BEST
发行：NHK 事业
销售方：PONY CANYON。2011 年 NHK

后 记

一路沿着"One CUP 大关"的创新之路走来，大家感想如何？

创新不是偶然产生的——这就是我们的答案。经营者具备的不退缩的决心、强大的领导能力以及聚集到一起的人们的热情。从这样的热情产生的创意和构想以超乎想象的形式显现出来。

而且，我们在这里可以自豪地说"卓越的创新创造新的市场战略，当这个名字变得家喻户晓的时候会形成文化"，这样的假设被完美地证实了。

在这次采访中，还从老员工、为我们提供材料的家属、职员们那里得到很多信息，让我们体验了一次振奋人心的知性冒险之旅。

在此向以大关株式会社董事长兼社长西川定良先生为首，给予我们很多协助的每一位职员表示衷心的感谢，因为有了你们，我们才能有如此美好的体验。同时向为书籍编辑工作积极协助采访的楠木建先生、西村贤太先生、吉田照幸先生以及其他制作人员表示感谢。

在本书即将结束之际，想把我们所感受到的最后的惊奇分享给大家。

那就是大关的酒窖酿造的口感极佳的酒。

每次采访结束的时候，最开心的事情就是到位于大关公司总部的甜辣关寿庵。每次拜访时，店铺的负责人、OZEKI F&C 的董事长兼副社长胁本公康先生就说："喝一口再走吧。"说着把刚酿出来，还没加热过的生酒拿给我们品尝。这是实实在在地继承了滩地区口感的酒。

　　清雅的精酿酒香从嘴巴传到鼻部，柔和地流过喉咙。顺滑的口感像极了上品绸缎。"第一次喝这么美味的酒。"一位工作人员感叹道，"现在很多当地酒受欢迎，不过没有我们酒窖酿不出来的酒。"边听大关公司优良的酿酒工艺介绍，边享受美酒，虽然时间短促，对我们来说却是不可比拟的幸福瞬间。带着作为回东京时的礼物，还带着赏味期限只有一周的生酒，沉醉在酿酒的灵魂以及"魁精神"里，缓缓踏上归途。

编者

"One CUP"是大关株式会社的注册商标。

著作权合同登记号桂图登字:20-2019-182号

图书在版编目(CIP)数据

改变日本酒历史的创新战略:"One CUP 大关"的成功秘密／
日本株式会社钻石商业企划编著;魏海波,李慧卿译.—桂林:
广西师范大学出版社,2022.8
（世界知库）
ISBN 978-7-5598-4674-7

Ⅰ.①改… Ⅱ.①日… ②魏… ③李… Ⅲ.①酿酒工业-工
业企业管理-研究-日本 Ⅳ.①F431.368

中国版本图书馆 CIP 数据核字(2022)第013080号

改变日本酒历史的创新战略:"One CUP 大关"的成功秘密
GAIBIAN RIBENJIU LISHI DE CHUANGXIN ZHANLÜE:"One CUP DA GUAN" DE
CHENGGONG MIMI

出 品 人:刘广汉　　　责任编辑:刘 玮
助理编辑:钟雨晴　　　装帧设计:李婷婷　王鸣豪　　　营销编辑:黄 屏
广西师范大学出版社出版发行

（广西桂林市五里店路9号　　邮政编码:541004）
（网址:http://www.bbtpress.com）
出版人:黄轩庄
全国新华书店经销
销售热线:021-65200318　021-31260822-898
山东韵杰文化科技有限公司印刷
（山东省淄博市桓台县桓台大道西首　邮政编码:256401）
开本:650mm×960mm　　1/16
印张:12.5　　　　　字数:160千字
2022年8月第1版　　2022年8月第1次印刷
定价:59.00元

如发现印装质量问题,影响阅读,请与出版社发行部门联系调换。